INCH'ALLAH

Sous la direction de
GÉRARD DAVET
FABRICE LHOMME

Inch'Allah

L'islamisation à visage découvert

UNE ENQUÊTE SPOTLIGHT
réalisée par
Ivanne Trippenbach,
Célia Mebroukine,
Romain Gaspar, Hugo Wintrebert
et Charles Delouche

Fayard

Couverture : Un chat au plafond
Carte de Philippe Paraire

ISBN : 978-2-213-70589-7

Dépôt légal : octobre 2018

Le projet Spotlight

En anglais, *spotlight* signifie « projecteur », et le verbe qui en est dérivé peut se traduire par « mettre en avant ». C'est à ce titre que la cellule d'investigation formée par le *Boston Globe* pour révéler, en 2002, un immense scandale de pédophilie, s'était baptisée « Spotlight ». Cette enquête, qui fait désormais référence dans les écoles de journalisme du monde entier, est passée à la postérité en 2015 dans le film éponyme, oscarisé, signé Tom McCarthy.

C'est donc tout naturellement que le terme « Spotlight » s'est imposé à Gérard Davet et Fabrice Lhomme au moment de lancer, au début de l'année 2017, un projet totalement inédit en France. Grands reporters au *Monde*, ces figures du journalisme d'investigation, auteurs de nombreux scoops et de succès d'édition, ont décidé de transmettre leur expérience, et surtout leur passion.

L'idée est à la fois simple et ambitieuse : encadrer une équipe de jeunes journalistes, sélectionnés au sein d'une école reconnue, cette année le Centre de formation des journalistes (CFJ), et les charger d'investiguer sur un sujet sensible, choisi dans tous les domaines, du sport à la politique en passant par la santé, l'économie, les médias, la religion, la culture…

Le pari, car c'en est un, est excitant : ces enquêteurs, guidés par Gérard Davet et Fabrice Lhomme tout au long de leurs recherches, disposent de près d'un an, soit la totalité de leur dernière année d'enseignement, pour mener leurs investigations. Et ce en parallèle de leur formation.

Exigence, plus-value, disponibilité, rigueur, humilité, ce sont les maîtres mots de l'aventure. C'est aussi une confrontation de générations, unies par le même désir de journalisme.

Avec un second sommet à gravir : l'écriture d'un livre retraçant cette enquête, à paraître aux éditions Fayard. Or, écrire un ouvrage n'est pas donné à tout le monde, c'est autre chose que de rédiger un article.

Une double gageure, donc, l'enquête d'abord, l'écriture ensuite. C'est le pari de l'aventure Spotlight.

Le journalisme dit d'investigation a de l'avenir, il faut y croire et préparer ce futur, dès aujourd'hui !

Préface

Le rituel était pourtant bien établi, depuis de longues années, au sein du service de la police judiciaire de Seine-Saint-Denis. Le pot annuel de la PJ 93 se déroulait dans la petite ville de Vaujours, à l'extrémité est du département. Au programme, grillades, vin, football et blagues plus ou moins fines...

Et puis, la fêlure est apparue, subreptice. Au début, en tout cas. Avant de s'élargir, et de révéler une faille, puis un gouffre. De ceux qui ne se comblent pas.

Ils furent d'abord quelques-uns, une dizaine de fonctionnaires de police, tous de religion musulmane, à réclamer de la viande halal. Ensuite, ils cherchèrent à éviter d'être en contact avec les femmes chargées du service, puis exigèrent qu'elles ne manipulent plus le barbecue.

Évidemment, en face, la petite centaine d'enquêteurs se rebella.

Et la désunion, l'absence de cohésion, la crispation s'installèrent au fil du temps.

Difficile de trouver exemple plus frappant du processus que cet ouvrage entend documenter : l'islamisation d'un département, la Seine-Saint-Denis en l'occurrence, qui fait peut-être aussi office, à l'échelle nationale, de « laboratoire », celui de l'évolution spectaculaire d'une partie de la société française.

Le sujet est d'une actualité brûlante. En annonçant au Congrès, le 9 juillet 2018, son intention de donner un nouveau « cadre » à l'exercice du culte musulman, Emmanuel Macron, le président de la République, qui jusqu'alors s'en était tenu à une prudente réserve, l'a affirmé clairement : « Il y a une lecture radicale, agressive de l'islam, qui se fixe pour but de mettre en cause nos règles et nos lois de pays libre, de société libre dont les principes n'obéissent pas à des mots d'ordre religieux. » C'est d'ailleurs au prédécesseur d'Emmanuel Macron que l'on doit le présent ouvrage. Ce sont en effet les déclarations de François Hollande sur ce thème, dans notre livre *« Un Président ne devrait pas dire ça… »* (Stock, 2016), qui nous ont incités à explorer ce terrain réputé glissant, et même miné. « Qu'il y ait un problème avec l'islam, c'est vrai. Nul n'en doute », nous confiait le chef de l'État en décembre 2015. « Il y a un problème avec l'islam parce que l'islam demande des lieux, des reconnaissances, précisait-il. Ce n'est pas l'islam qui pose problème dans le sens où ce serait une religion qui serait dangereuse en elle-même, mais parce qu'elle veut s'affirmer comme une religion dans la République. »

Des propos à la fois spectaculaires et inattendus dans la bouche d'un président de la République, de gauche qui plus est. Curieusement, ils ne suscitèrent pas de véritable controverse en octobre 2016, à la sortie du livre – qui contenait, il est vrai, beaucoup d'autres révélations… Mais ils ont trouvé un écho deux ans plus tard, par l'intermédiaire de Hakim El Karoui. Ex-banquier d'affaires, ancienne plume de Raffarin à Matignon, cet essayiste a rendu public, le 9 septembre 2018, un rapport réalisé pour l'Institut Montaigne, un think-tank libéral. Dans ce volumineux document intitulé « La Fabrique de l'islamisme », Hakim El Karoui dresse un état des lieux préoccupant s'agissant de la France. Évoquant la nébuleuse islamiste, il indique à propos des adeptes de cette vision rigoriste de l'islam que « depuis une dizaine d'années, leur essor s'est accéléré et le nombre de mosquées et de fidèles a été multiplié probablement par trois » sur le territoire. Deux ans plus tôt, Hakim El Karoui, dans une première étude, avait déjà affirmé que plus d'un quart des Français musulmans étaient partisans d'un islam « sécessionniste » et « fondamentaliste », cette proportion atteignant 50 % chez les 15-25 ans interrogés par l'IFOP.

Il convient d'être précis, à l'heure d'évoquer une thématique aussi inflammable. L'islamisme peut se définir comme une idéologie politique fondamentaliste qui cherche à régir la vie de l'individu et de la société dans une logique prosélyte. L'islamisation est un phénomène plus large. Selon le dictionnaire Larousse, c'est l'« action d'islamiser », c'est-à-dire de « convertir à l'islam », et/ou d'« appliquer la loi islamique dans divers secteurs de la vie publique et sociale ».

On peut s'en réjouir ou le déplorer, le processus, illustré par cette enquête, est en cours dans ce département que l'on surnomme le « 9-3 ».

Si le sujet est si sensible, c'est parce qu'il se prête à tous les raccourcis, à tous les amalgames. Et qu'il effraye les tenants du politiquement correct.

Alors, d'emblée, il faut rappeler quelques évidences. Non, l'islam n'est pas un gros mot, « musulman » n'est pas une injure. Non, vivre sa foi intensément n'est pas contradictoire avec ce fameux principe de laïcité sur lequel se fonde, en matière religieuse, la République française.

Oui, établir un lien direct et automatique entre islam, islamisme et djihadisme relève du syllogisme malfaisant et, surtout, de la pure mauvaise foi.

À l'inverse, nier que c'est au nom de l'islam qu'islamistes et djihadistes répandent, pour les uns, leur idéologie rétrograde, pour les autres, le sang des innocents, s'apparente à de la malhonnêteté intellectuelle. Il faut le dire, le répéter sans cesse : l'immense majorité des musulmans de ce pays souhaitent vivre pacifiquement, en respectant les lois de la République, et rejettent totalement ces prédicateurs intégristes et autres kamikazes sanguinaires dont ils sont, par ailleurs, souvent les premières victimes. Mais ne pas oublier, pour autant, que les multiples attentats qui ont endeuillé l'Hexagone ces dernières années ont tous été commis par des musulmans extrémistes, affirmant agir « au nom d'Allah ».

Le débat, à l'évidence, n'est pas simple à mener. Sur la scène publique, les extrêmes de tous bords saturent l'espace. Comment faire entendre une voix raisonnable, nuancée, entre les « ultra-laïcards » et autres islamophobes pour qui porter un voile, arborer une longue barbe ou refuser de manger du porc revient peu ou prou à faire le jeu des tueurs fanatisés de Daesh, et, à l'opposé, ceux, souvent qualifiés d'« islamo-gauchistes », qui paradoxalement « essentialisent » les musulmans, présentés comme les nouveaux « damnés de la terre », en leur conférant par principe le statut de victimes… ?

Les uns se retrouvent souvent dans les brasseries chics de Montparnasse, les autres dans des appartements bourgeois du Ve arrondissement.

Preuve qu'ils ne sont pas si éloignés les uns des autres, finalement...

Il est vrai qu'ils ont généralement en commun une ignorance du terrain, de la réalité quotidienne, en l'espèce de la vie dans les banlieues populaires, devenues, pour certaines, au fil des dernières décennies, « quartiers sensibles ».

Le terrain, justement.

C'est là que nous avons dépêché nos cinq jeunes journalistes, qui l'ont labouré près d'une année durant. Avec une consigne, simple à expliquer mais délicate à mettre en œuvre : oublier tous les a priori, les clichés, les intox, et en revenir à ce qui fait l'essence même de notre métier : les faits. Décrire un phénomène en l'étayant de témoignages, chiffres inédits, documents et récits incontestables.

Nous n'avons pas choisi la Seine-Saint-Denis et ses 1,6 million d'habitants – au minimum – par hasard.

L'Insee, l'Institut national de la statistique, est formel : le 9-3 est le département le plus pauvre de France, celui aussi comptant le plus d'immigrés, parmi lesquels une large proportion de musulmans. S'il n'existe pas de données officielles très précises, tous les bons connaisseurs de la Seine-Saint-Denis (maires, préfets, magistrats, policiers, sociologues, démographes, éducateurs...) estiment qu'aujourd'hui une bonne moitié de la population de ce département est de religion musulmane.

L'idée de ce livre est née d'une interrogation : au sein de cette communauté, assiste-t-on bel et bien à une montée en puissance des tenants d'un islam revendicatif, qui chercherait à étendre son territoire, à gagner des pans entiers de la société ? En clair, à islamiser un département, voire plus si affinités ?

Huit mois d'enquête en immersion, cinq reporters issus du Centre de formation des journalistes (CFJ) sur le terrain nuit et jour, des milliers d'heures de travail, presque deux cents entretiens menés auprès d'islamologues, hauts fonctionnaires, policiers, magistrats, responsables communautaires…

Pour une réponse à la fois simple et complexe : oui, l'islamisation est à l'œuvre en Seine-Saint-Denis, ce phénomène déclenchant en cascade sur son passage d'autres évolutions, négatives ou positives. Plus un secteur de la société n'échappe à cette évidence : politique, économique, éducatif, tous les pans du vivre-ensemble sont concernés, questionnés. Mais il faut se garder des interprétations hâtives, des conclusions simplistes. Si la loi islamique gagne des parts de marché, c'est souvent pour combler un vide, pallier des carences inacceptables, remédier aux errements de la puissance publique, autant de maux dont souffre la population locale. Par ailleurs, cette enquête le démontre, au sein même de la communauté musulmane du 9-3, ils sont nombreux à s'alarmer de cette poussée intégriste.

Enfin, cette propagation constitue-t-elle réellement un problème ? Ne faut-il pas accompagner ce retour du sentiment religieux plutôt que tenter de le freiner ? L'« identité » de la nation – en l'occurrence la nôtre –, concept dont on nous rebat les oreilles depuis plusieurs années, n'est pas une notion figée, elle évolue dans le temps, s'adapte aux mutations qui la parcourent... En d'autres termes, les revendications croissantes d'une partie des Français de confession musulmane ne sont-elles pas légitimes ?

En réalité, il ne nous appartient pas, à nous journalistes, de répondre à ces interrogations. Notre rôle est de documenter l'« avancée » d'un prosélytisme islamique en nous fondant sur des faits, rien que des faits.

Car cette évolution, à la fois lente et inexorable, engendre postures, raccourcis et fantasmes. Comme la fable des « cafés islamistes » de Sevran, dont il fut tant question lors de l'élection présidentielle de 2017. Dans ce livre, grâce à la persévérance, la ténacité de nos cinq enquêteurs, vous trouverez des démystifications, sur ce sujet comme sur quelques autres. Des révélations, aussi, souvent inquiétantes. Surtout, les acteurs, les vrais, ceux que l'on ne voit que rarement dans les médias, ont pu s'exprimer, longuement. Et sans s'abriter derrière l'excuse un peu trop facile de l'anonymat – fidèles à nos convictions, nous avons tenté de transmettre à notre équipe d'investigateurs notre refus des citations anonymes. Il leur a donc fallu trouver des paroles publiques, assumées, courageuses.

Il faut rendre hommage aux nombreux témoins, acteurs, spectateurs ou victimes de cette islamisation « en marche », qui ont eu le cran de s'exprimer, de faire part de leur expérience.

À visage découvert.

Au fil des pages, de chapitres centrés sur ces figures de la Seine-Saint-Denis, vous allez prendre connaissance de témoignages édifiants, quoique d'une grande diversité. Quoi de commun en effet entre cette mère de famille juive, ce lobbyiste musulman, cette directrice d'école ou cet ancien policier ?

Tout simplement, chacun d'entre eux incarne, d'une façon singulière, un des multiples visages de cette islamisation dont le communautarisme est sans doute le symptôme le plus visible.

Cette enquête, qui fourmille de révélations, ne prétend pas à l'exhaustivité, elle est forcément imparfaite. Mais quel enquêteur, y compris parmi les plus chevronnés, pourrait prétendre à la perfection ?

C'est l'autre aspect passionnant de l'affaire : ces jeunes – passés à la vie active quand vous lirez ces lignes –, âgés d'une vingtaine d'années, souvent formés dans les meilleures écoles de la République, ont franchi le périphérique, arpenté le terrain, découvert certains territoires « perdus »... Ils ont dû lutter contre leurs préjugés, a priori et autres certitudes, apprendre à convaincre leurs interlocuteurs de s'exprimer, savoir où chercher pour trouver la bonne information, hiérarchiser leurs découvertes. Au fil des mois, on les a vus se transformer, s'investir, se rebeller, aussi. On a observé des leaders se révéler, d'autres être plus à la peine...

Cette investigation est la leur. Certes, on les a guidés, aidés, conseillés, encouragés, tancés aussi. On a relu, enrichi et retouché leurs textes. Mais nous avons mis un point d'honneur à ne jamais les accompagner à un seul rendez-vous, ni à leur fournir le moindre document. Même dans nos moments de doute... et ils furent nombreux.

C'était leur enquête, elle devait le rester jusqu'au bout.

Plus d'une fois, ils nous ont agacés par leurs atermoiements ou leurs certitudes. Mais force est de constater qu'en un an, ils sont passés du statut d'étudiant à celui de journaliste. En tout cas, ils nous ont fait évoluer, repenser nos méthodes, réfléchir à notre approche pédagogique. Le journalisme s'enseigne, c'est une certitude, mais l'enquête, elle, se transmet, et la nuance est d'importance. Bref, ils ont sans doute beaucoup appris de cette expérience, mais peut-être moins que nous...

De la même manière qu'ils ne voulaient pas, initialement, du mot « islamisation », ils ont aussi rejeté, avant de s'y rallier, le titre de l'ouvrage, « Inch'Allah ». Ce titre, c'était pourtant leur idée, mais ils militaient pour sa traduction française. « Si Allah le veut »... Il a fallu argumenter. « Inch'Allah », c'est ce que leur disaient presque systématiquement leurs interlocuteurs, après chaque rencontre. Alors peu importe la langue.

Franchement, quel meilleur titre ?

Gérard Davet et Fabrice Lhomme

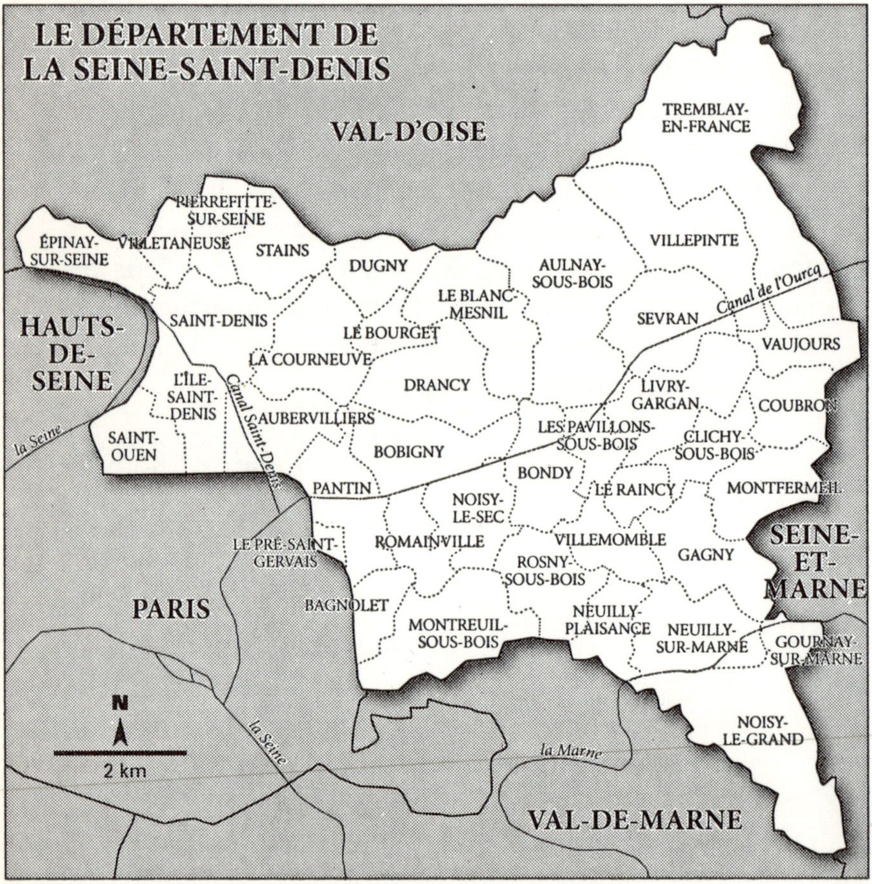
LE DÉPARTEMENT DE
LA SEINE-SAINT-DENIS
VAL-D'OISE
TREMBLAY-
EN-FRANCE
PIERREFITTE-
SUR-SEINE
ÉPINAY-
SUR-SEINE
VILLETANEUSE
STAINS
DUGNY
AULNAY-
SOUS-BOIS
VILLEPINTE
LE BLANC-
MESNIL
SAINT-DENIS
LE BOURGET
SEVRAN
Canal de l'Ourcq
VAUJOURS
HAUTS-
DE-
SEINE
LA COURNEUVE
L'ÎLE-
SAINT-
DENIS
Canal Saint-Denis
DRANCY
LIVRY-
GARGAN
COUBRON
AUBERVILLIERS
LES PAVILLONS-
SOUS-BOIS
CLICHY-
SOUS-BOIS
la Seine
SAINT-
OUEN
BOBIGNY
BONDY
PANTIN
NOISY-
LE-SEC
LE RAINCY
MONTFERMEIL
SEINE-
ET-
MARNE
LE PRÉ-SAINT-
GERVAIS
ROMAINVILLE
VILLEMOMBLE
GAGNY
ROSNY-
SOUS-BOIS
PARIS
BAGNOLET
NEUILLY-
PLAISANCE
MONTREUIL-
SOUS-BOIS
NEUILLY-
SUR-MARNE
GOURNAY-
SUR-MARNE
N
la Seine
NOISY-
LE-GRAND
2 km
la Marne
VAL-DE-MARNE

1.

Le guide

La voix est légèrement éraillée, mais le ton énergique. Les yeux empreints de tristesse, Mokhtar Ammi nous [derrière ce collectif se trouve un membre de la cellule Spotlight] lance, fataliste : « La France est née ici, mais personne ne me croit. » Professeur d'histoire à la retraite, à 68 ans, il est un visage de la ville de Saint-Denis. Béret à carreaux sur la tête, barbe tirant sur le blanc, cet homme au regard bienveillant est la mémoire de l'ancienne cité des rois de France, où il vit depuis près d'un demi-siècle.

Mokhtar Ammi est né en 1950, à Blida, la « Ville des roses », au pied des montagnes de l'Atlas, au nord de l'Algérie. Lui-même observe le jeûne du ramadan, ne mange pas de porc et ne boit jamais d'alcool. Témoin des profondes transformations de la « capitale » de Seine-Saint-Denis, il a assisté, impuissant, à la montée d'un islam conquérant dont « sa » ville est sans doute le symbole le plus fort. Il nous a invités à une déambulation au cœur de celle-ci, comme s'il avait voulu nous prendre à témoin…

Ce matin-là, c'est jour de marché. Un *chaâbi* (musique populaire en arabe) algérois résonne en fond sonore. Suspendus en l'air, des foulards bariolés attendent de couvrir la chevelure des femmes. La barbe sombre d'un commerçant émerge d'entre les tissus multicolores. Vingt mètres plus loin, un autre déroule des rectangles bleu turquoise au toucher de velours : des tapis de prière à bon prix. À l'étal d'à côté, des piles de *kesra*, des galettes algériennes tachetées par la cuisson, exhalant leur odeur de pain chaud.

Nous ne sommes qu'à cinq kilomètres de Paris, vingt minutes en métro via la ligne 13. Nous levons les yeux, imaginant presque la silhouette d'un muezzin. Mais c'est la flèche gothique de la cathédrale de Saint-Denis qui se détache sur le plomb du ciel. Le marché se tient au pied de la nécropole royale, juste à l'endroit du cimetière gallo-romain qui accueillait vers l'an 250 l'évêque martyr saint Denis.

Immigré d'Algérie en 1968, Mokhtar Ammi a vu naître une autre ville ces dernières décennies. De son point de vue, le Saint-Denis de sa jeunesse qui se revendiquait d'abord ouvrier se définit aujourd'hui prioritairement comme musulman.

Or l'islam de son enfance, Mokhtar ne le reconnaît plus. Supplanté, dépassé, effacé.

Cheminer dans ce quartier avec un témoin de la première heure donne un aperçu de ce que Saint-Denis était « avant ». Avant l'émergence du *din jdid*, ou « nouvelle religion », terme que les anciens utilisent pour désigner l'islam rigoriste, ostensible.

De la place où se dressent la basilique royale et l'hôtel de ville, il faut emprunter la rue de la République sur environ deux cent cinquante mètres et arpenter la très animée rue Gabriel-Péri. Sur la devanture de tous les kebabs, fast-foods et autres pizzerias, on peut lire l'inscription : « *Halal* ». Licite, en arabe. Même chose sur les vitrines des boucheries du quartier, où figure le tampon bleu AVS – À votre service, l'un des organes pionniers dans la certification halal en France. Dans la boucherie qui jouxte les halles, on vend le mouton entier à partir de 56 euros.

On arrive près de la rue du Jambon, où se situe la mosquée du centre Tawhid, qui abritait notamment le bureau de Tariq Ramadan, le très contesté islamologue suisse, en détention provisoire depuis février 2018, après avoir été mis en examen pour viols. Sur la gauche, derrière une vitrine, un panneau nous saute aux yeux : « Bail à céder ». Une boucherie-charcuterie traditionnelle de Saint-Denis, l'une des dernières à proposer encore du porc, vient de fermer.

Rue Gabriel-Péri, Mokhtar Ammi s'attarde quelques secondes devant la pâtisserie La Romainville. Il contemple dans la vitrine les gros gâteaux nappés de crème ou de coulis gourmand. Un couple d'origine maghrébine entre avec une poussette. Ils n'ont pas 30 ans. L'homme est rasé de près, la femme porte une queue-de-cheval, des lunettes Gucci à strass et des baskets Adidas. Ils cherchent un fraisier pour l'anniversaire de leur fils. Sur le présentoir, des bougies à l'effigie de Mickey ou de Spiderman pour les garçons, de princesses Disney pour les filles. « Celle avec le champagne ? », suggère la vendeuse en désignant une bougie ornée d'une petite bouteille de cire. « Non, coupe le mari, on n'a pas droit à ça. » La jeune mère renchérit : « Et pas de gélatine de porc. » Ici, aucun gâteau n'en contient, sauf quelques-uns qui reposent à l'écart, dans un placard vitré. Depuis une dizaine d'années, les industries de pâtisseries, de bonbons, de cosmétiques et même les agences de voyages se sont mises au filon « pureté ».

Consommer halal est devenu une évidence, à Saint-Denis. De fait, quasiment une obligation.

Qui se douterait que cette pratique n'existait même pas avant les années 1980 ? Si le Coran et la *Sunna* (parole du Prophète) prohibent le porc, le sang et l'alcool, l'islam ne prescrit aucune autre norme alimentaire quotidienne. Seul l'abattage des animaux obéit à une règle d'or : les bêtes doivent être tuées par blessure lors de la chasse, ou par saignée au niveau de la gorge ou du sternum.

La « mode » halal a en fait été lancée il y a quatre décennies, après la révolution de 1979 en Iran, et l'arrivée au pouvoir d'un leader chiite obscurantiste. L'ayatollah Khomeyni impose une « islamisation » de la viande importée des pays non musulmans. Ce protocole halal va progressivement gagner les pays du Golfe, la Turquie et la Malaisie, avant de devenir un business florissant en Occident. Il s'étend aujourd'hui en Seine-Saint-Denis, département qui compte le plus grand nombre de musulmans de l'Hexagone, sans doute plus de la moitié de la population du 9-3.

Au niveau national, le secteur – ou plutôt le business – halal pèse entre 5,5 et 7 milliards d'euros, selon une étude du cabinet Solis publiée en 2011. Et, d'après une enquête de l'Institut Montaigne, réalisée en septembre 2016, 40 % de la population musulmane de France considère désormais, à tort, que manger halal est un pilier de l'islam.

Dans l'espace « halalisé » de la rue Gabriel-Péri, où la supposée pureté religieuse s'exhibe en argument marketing, on slalome avec Mokhtar Ammi entre des mannequins voilés. La « mode islamique » s'affiche au milieu des salons de coiffure afro et des magasins chinois exposant robes courtes et chaussures à talons démesurés. Au numéro 23 de la rue, l'échoppe Les Branchés propose des voiles de toutes sortes, turbans, bandeaux et *jilbab*, l'interminable tenue couvrant le corps des femmes jusqu'aux pieds.

La boutique Dubaï Center a les mêmes, en taille enfant. À Saint-Denis, il n'est pas rare de croiser, le mercredi, des petites silhouettes intrigantes : des fillettes voilées se rendant à des cours d'arabe.

« On est nés ici, mais on n'est pas considérés comme français »

Chez Imane Mode, la boutique qui fait face aux halles, des voiles brodés de fils ou de perles, à strass, à fleurs, à franges, se vendent entre 1,50 et 7 euros. Pour les hommes, on trouve aussi des *kamis* (un vêtement long porté traditionnellement en pays musulman) et du parfum étiqueté « Pour la mosquée ». Mohamed, le patron, âgé de 28 ans, a ouvert ce commerce il y a deux ans. Avec un chiffre d'affaires mensuel de 33 000 euros, il confirme que sa petite entreprise prospère, malgré une concurrence de plus en plus rude dans le quartier.

Une femme apparaît, vêtue d'un voile violet, châle clair sur les épaules, masque chirurgical apposé sur la bouche. Elle se déplace lentement de vitrine en vitrine, pénètre dans le magasin Happy Miss… D'elle, on ne perçoit que deux yeux de biche, une peau noire et une voix juvénile légèrement étouffée par le tissu du masque blanc. « La religion, j'y crois fermement, toute ma vie tourne autour de ça », nous confie la femme âgée de 30 ans, mariée, qui ne fréquente pas la mosquée, mais affirme suivre la parole du Prophète. D'origine malienne, elle rêve de faire la *hijra*, c'est-à-dire de quitter la France pour un pays musulman. « On est nés ici, on a grandi ici, mais on n'est pas considérés comme français. Donc, voilà », lâche-t-elle.

Donc, voilà.

Comme elle, une poignée de musulmanes rigoristes portent à la fois le jilbab et le masque afin de contourner la loi du 11 octobre 2010 interdisant la dissimulation du visage dans l'espace public. Les députés ont estimé à l'époque que le port du *niqab*, dit voile intégral, était « contraire à l'idéal de fraternité » et ne satisfaisait pas à « l'exigence minimale de civilité nécessaire à la relation sociale ». Ils ont toutefois inscrit à l'article 2 une série d'exceptions, dont celle pour « raisons de santé ». Des femmes utilisent cette brèche pour s'éviter une amende. La plupart du temps, elles trouvent des astuces sur des forums Internet, difficilement localisables, où des internautes se présentant comme des « sœurs » vantent les bienfaits du niqab, et donnent des conseils pour se faire passer pour malade, afin de pouvoir sortir masquée.

Il est toutefois relativement rare de rencontrer des femmes portant à la fois le voile et le masque en plein centre de Saint-Denis. En général, dans le 9-3, les musulmanes s'affichant de manière radicale et ostentatoire évitent les centres-villes et s'éloignent peu des quartiers périphériques, notamment des cités sensibles comme les Beaudottes de Sevran, les Courtillières de Pantin ou les 3 000 d'Aulnay-sous-Bois…

Les femmes de la rue Gabriel-Péri passent furtivement, plus qu'elles n'occupent l'espace. Des groupes d'adolescents, eux, saturent les bancs de la place du 8-Mai-1945. Des hommes postés devant le bar-PMU des halles boivent tranquillement le café. « L'absence des femmes, c'est du machisme méditerranéen importé du Maghreb », tranche Mokhtar Ammi. Ici, les jeux à gratter ont remplacé les livres. Pour 1,6 million d'habitants, la Seine-Saint-Denis ne compte plus... qu'une douzaine de librairies !

Rue Gabriel-Péri, la Librairie du Centre vient d'ailleurs de mettre la clé sous la porte.

Une autre, Folie d'encre, est toujours là, vingt ans après avoir ouvert, à côté du métro, alors que la dernière librairie de quartier avait fermé. « À l'époque, le parti communiste régnait en maître et Saint-Denis avait une âme culturelle », se souvient notre témoin flâneur, militant communiste dans sa jeunesse. Et d'assurer : « Mais l'électoralisme a poussé la gauche à ouvrir la porte au populisme et à l'islamisme. L'islamisme, ce n'est rien d'autre que du Front national en arabe. »

En 2018, la municipalité est toujours aux mains du PCF, en l'occurrence de Laurent Russier, proche de son prédécesseur Didier Paillard. Mais de l'avis des habitants qui ont connu les mandats de Marcelin Berthelot (1971-1991), puis de Patrick Braouezec (1991-2004), l'effondrement du communisme a laissé un vide dans la vie sociale, associative et culturelle, une faille béante dans laquelle la religion musulmane s'est engouffrée.

Désormais, le centre de Saint-Denis compte trois librairies. Religieuses.

À la librairie La Mecque, située… face à l'église Saint-Denys-de-l'Estrée, au bout de la rue de la République, un rayon entier s'adresse aux femmes musulmanes. On y trouve des ouvrages aux titres éloquents : *Femme au foyer, redécouvre ton chez-toi ; Polygamie ou ton mari à toi seule ?* ou encore *Droits et devoirs de la femme en islam.* Traduits de l'arabe au français depuis des pays du Maghreb, ils sont publiés par des filiales de maisons d'édition orientales basées en France, en Belgique ou au Moyen-Orient. Pour n'en citer que quelques-unes, Al-Madina, Al-Hadith ou Tawhid comptent des auteurs se revendiquant ouvertement du wahhabisme saoudien, une branche fondamentaliste de l'islam sunnite.

« Une femme n'est pas un vase qu'on pose sur la télé »

Jeter un œil sur le contenu de ces livres, dont certains sont d'authentiques best-sellers dans le 9-3, se révèle instructif. *J'aime mon mari*, par exemple, ouvrage qui prétend livrer cinquante-sept procédés pour « raffermir l'amour de [son] mari ». Le n° 5 intime directement aux lectrices l'ordre d'accomplir les tâches domestiques. « Ta maison, est-il écrit, c'est ton royaume. Si ton époux rentre du travail et trouve l'intérieur de la maison mal rangé et sale, il partira ailleurs jusqu'à ce que tout redevienne propre et bien rangé. » Le n° 17 ordonne à la femme musulmane désireuse de ne pas contrarier son époux : « Satisfais ses désirs. » Et l'ouvrage de préciser : « Parfois, l'envie d'approcher son épouse s'empare de l'époux de manière irrépressible.

Satisfaire avec empressement le désir sexuel de son époux est très important. C'est un ordre venant du Prophète lui-même. »

Les autres « procédés » peaufinent le portrait de la femme-esclave fantasmée par l'auteur : « Sois à son service », « Montre-lui son importance », « N'insiste pas pour qu'il t'aide », « Prononce souvent le mot oui ».

Ce genre d'écrits scandalise Mokhtar Ammi. « Une femme n'est pas un vase qu'on pose sur la télé ! s'indigne-t-il. La religion ne dit pas ça, elle dit que la femme doit se battre, se former, entreprendre, aller en association... » En désignant des mères voilées derrière leurs poussettes, il se désole : « Ce n'est pas ça, l'islam. Le Prophète a épousé Khadija, bon sang ! » Selon la légende, cette riche marchande était déjà mère et plus âgée que Mahomet, alors simple caravanier, lorsqu'elle le demanda en mariage. Par son redoutable sens des affaires, elle contrôlait la région du Hedjaz, autour de La Mecque. D'autres femmes « fortes » ont suivi la « Mère des croyants » et marqué l'histoire arabo-musulmane. « Personne n'en parle, observe le vieux professeur d'histoire. Parce qu'on utilise l'islam politique pour contrôler les femmes et la population. »

On continue de s'enfoncer un peu plus dans Saint-Denis. On approche ensuite de la rue du Corbillon, où le terrorisme islamiste a fait brutalement irruption trois ans plus tôt. Dans la nuit du 18 novembre 2015, cinq jours après les attaques djihadistes qui firent 130 morts à Paris et aux abords du Stade de France, le Raid donna l'assaut au numéro 48, où deux terroristes du commando avaient trouvé refuge. Chakim Akrouh et Adelhamid Abbaoud, tueurs des terrasses de café, périrent dans l'explosion de la ceinture d'explosifs déclenchée par le premier.

Rue du Corbillon, c'est aussi là que Mokhtar Ammi a commencé à enseigner, dans les années 1980. En près de quarante ans, le professeur a vu passer plus de 7 000 lycéens. Certains le reconnaissent aujourd'hui dans la rue, sourit l'ancien enseignant, à la retraite depuis 2015. « Mais les dernières années, poursuit-il, c'était plus difficile. Je n'ai fait que me battre contre les thèses complotistes. Et les jeunes ne se sentent pas français. Pour eux, français, ce n'est pas une nationalité ; c'est un pouvoir institutionnel ou une origine sociale. » Un voisin en fait l'expérience, révèle l'ancien professeur : c'est l'un des derniers « Français » de sa cité, qu'il appelle « le pauvre Laurent », blond et blanc de peau. « Tout le monde pense que c'est un flic... Il est plombier ! »

Certains parents, raconte-il encore, ne savent ni lire ni écrire, et sont inquiets pour l'avenir de leurs enfants. Alors, ils font confiance aux écoles privées confessionnelles, parce qu'ils veulent éviter ce qui leur est arrivé « par le fait de l'ignorance ».

Peu avant 13 heures, des hommes à la barbe longue et en kamis, empruntent la rue Gabriel-Péri. Ils marchent vers la cité Stalingrad, nichée au bout de la rue, ultime étape avant la route départementale. Ils passent devant un groupe de jeunes garçons encapuchonnés, plantés dans le square. Les « chouf », les guetteurs, veillent sur le trafic de drogue des halls d'immeubles. « À l'affût ! à l'affût ! », alertent-ils à l'approche quotidienne des fourgons de police.

Dans la cité Stalingrad, pas un bruit. Le silence n'est rompu que par le grondement effroyable d'un avion rasant la ville, ou plus discrètement par le moteur pétaradant d'un scooter débridé. L'endroit n'est pas ouvert sur la rue ; il faut entrer dans un parking, s'enfoncer entre les immeubles, suivre un chemin étroit et enfin longer une minuscule allée cachée entre un muret et des buissons...

La mosquée est là, au sous-sol.

Chaque vendredi, jour de la grande prière, 800 à 1 000 croyants affluent dans un flot continu et empruntent le grand trou qui fait office d'entrée. La mosquée Bilal est bâtie avec des parpaings cimentés grossièrement. Par les interstices, le discours qui précède le prêche de l'imam résonne dans toute la cité. On tend l'oreille. « Le prophète a dit : le lavage du corps est une obligation, porter des vêtements propres, se parfumer pour les hommes [...]. Pour les femmes, ne pas mettre le voile est contre la loi morale. Il faut bien se comporter, Il nous observe, Il nous entend. »

C'est ici que nous avons rencontré Mokhtar Ammi pour la première fois. Il passait dans l'allée pour rentrer chez lui. Cinquante ans qu'il vit dans la cité Stalingrad, depuis 1973 exactement. C'est là qu'il a élevé ses filles, puis est devenu grand-père. À la fin des années 1970, il a participé à la construction de la mosquée Bilal en descendant des seaux d'eau accrochés à une corde depuis son balcon. « À l'époque, une trentaine de vieux immigrés venaient prier ici », raconte, nostalgique, le Dionysien, qui peut voir la mosquée de sa fenêtre. Ils voulaient bâtir un vrai lieu de culte mais, pour des raisons restées mystérieuses, le permis de construire ne sera jamais délivré par la mairie. À défaut, cette salle de prière enfouie dans le sol fera l'affaire.

Dans les années 1980, le Parti communiste freine des quatre fers les projets de mosquées. Aux yeux de Mokhtar Ammi, les élus ont, du coup, laissé proliférer les « trous à rats », ces mosquées des caves dans lesquelles le fondamentalisme religieux s'est développé, loin des regards. Aujourd'hui, Saint-Denis a sa grande mosquée, rue Henri-Barbusse, de l'autre côté de la ville. Mais le succès du lieu de culte Bilal ne diminue pas.

« C'est devenu ça », montre Mokhtar Ammi en désignant le « trou ». Depuis le début des années 2000, cette mosquée tabligh, mouvement fondamentaliste réputé pour un prosélytisme très actif et une vision littérale de l'islam, est bien connue des services de renseignement. À la place du parking de la cité, terreau fertile pour la prostitution et le deal, on trouvait autrefois un terrain de pétanque. Le 11 septembre 2001, vers 17 heures, alors que deux avions avaient percuté les tours du World Trade Center à New York, les fidèles sortirent brusquement de la mosquée et investirent le terrain pour prier, des centaines de voix d'hommes répétant à l'unisson l'incantation : « Allahou akbar ! Allahou akbar ! », Dieu est le plus grand…

« On a mis la poussière sous le tapis », résume Mokhtar, maintenant attablé dans un café du centre-ville, non loin du métro. Fils d'une femme de ménage analphabète et d'un tirailleur algérien mort lorsqu'il avait 4 ans, il a grandi en pleine guerre d'Algérie. Il garde toujours sur lui un morceau du costume militaire de Kader, son grand frère, parti combattre avec le Front de libération nationale (FLN) pour l'indépendance de l'Algérie.

Le retraité observe d'un œil inquiet ces jeunes qui n'ont connu que la France et la paix, et qui se jettent pourtant dans les bras du salafisme – mouvement qui prône un retour à l'islam du VIIe siècle. Comme ce voisin de la cité qui lui enjoint d'arrêter « avec sa préhistoire » puisque « Dieu a créé l'homme, point final ». Mokhtar soupire. Il mime des œillères avec ses mains, lui qui guerroie avec ses propres sœurs, elles-mêmes adeptes d'un islam rigoriste : « C'est devenu de la religion de bazar. Consultons l'histoire ! C'est ça, notre point de départ. »

« Ils n'ont rien compris à l'islam », conclut sans colère notre témoin, en évoquant les fondamentalistes, de plus en plus nombreux et influents dans sa ville, comme sur l'ensemble du département. En remontant vers sa cité, accrochée au bout de la rue Gabriel-Péri, Mokhtar Ammi lâche une ultime réflexion. Elle lui tient à cœur, lui qui pense que sa religion, désormais dévoyée, joue depuis les premiers califes un rôle de contrôle social : « On a inventé le pointage au commissariat pour les délinquants deux fois par semaine, l'islam l'a fait bien avant, cinq fois par jour à la mosquée... »

2.

La préfète

Deux visages, deux discours.

À 55 ans, Fadela Benrabia s'exprime volontiers. Humour piquant et franc-parler jouissif. Chevelure brune, façon tornade, on lui donne du « madame la préfète », quand elle arpente les couloirs de la préfecture de Bobigny. Le regard espiègle, la préfète déléguée à l'Égalité des chances en Seine-Saint-Denis – une sorte de sacerdoce –, a répondu à nos demandes d'entretien.

Du moins, dans un premier temps.

Cette ex-conseillère à Matignon, période Manuel Valls, connaît les joies et les dangers de la communication, elle a appris à bonne école. Il lui arrive aussi quand il le faut de conserver un discours mesuré, consensuel, administratif. Comme dans cette interview accordée, un an après sa nomination, en 2016, au BondyBlog, média influent dans le département. Dans cet entretien, elle vante à mots choisis les chances et atouts de la Seine-Saint-Denis. Elle sait à qui elle parle, et pourquoi.

Mais quand nous la rencontrons, le 10 novembre 2017, c'est une autre Fadela Benrabia que l'on espère.

Celle qui parle cash. Arrivée en 1968 de sa Kabylie natale, elle a vu la religion musulmane s'imposer en banlieue, revendiquer une place stratégique, politique et sociale. Petite-fille de berger, fille d'ouvrier, elle a grandi en cité à Gennevilliers, fréquenté la fac de Nanterre en sociologie, puis rencontré la sphère politique, sur le tard. Elle est née à Ena, en Algérie, mais elle est devenue préfète sans passer par… l'ENA. Elle n'a jamais voulu habiter Paris. Trop loin des réalités de la banlieue.

Notre enquête débute à peine, mais elle veut nous aider, nous guider. Il y a tant de choses à dire, de pans obscurs à éclairer. On se dit alors que la préfète, du haut de son poste de vigie, saura nous informer.

Hélas, ce sera notre seule rencontre avec Fadela Benrabia, malgré de multiples relances. Parce qu'elle s'est un peu trop lâchée avec nous, ce 10 novembre 2017, en présence d'un conseiller chargé, notamment, des questions de radicalisation ? De fait, son discours tranché est aux antipodes des us et coutumes de la préfectorale. Elle l'a sûrement senti. Peut-être même lui a-t-on fait comprendre, dans son entourage, à la préfecture, qu'il fallait éviter ce terrain glissant. Car ce sujet hypersensible, l'islamisation progressive de la Seine-Saint-Denis, gêne aux entournures, à Bobigny comme ailleurs. Le préfet du département n'a ainsi jamais voulu nous rencontrer. Et, malgré moult sollicitations, le ministre chargé des Cultes, Gérard Collomb, ne nous a carrément jamais répondu.

Mais qui mieux qu'elle pouvait raconter les doutes d'une fonctionnaire, face à un islam fort et présent comme jamais, avec ses codes comportementaux, ses interdits, qui bousculent les vieilles habitudes laïques ?

Elle sait tout du département, qu'elle a arpenté comme animatrice socioculturelle. Elle a déjà entendu Philippe Galli, l'un de ses prédécesseurs à la préfecture de Bobigny, donner ce chiffre, au sortir d'une réunion sur la radicalisation : 700 000 musulmans sont répertoriés en Seine-Saint-Denis, sur une population totale de 1,6 million d'habitants. Sans compter les 200 000 clandestins estimés, au doigt mouillé, par la préfecture, sur la base des remontées des municipalités… Une donnée démographique essentielle, aux conséquences évidentes.

Les musulmans du 9-3 se faisaient discrets, ils deviennent visibles et, parfois, revendicatifs.

« La masse des foulards et des barbus »

« Avant de venir dans ce département, explique la préfète, j'avais une préoccupation majeure : comment parler vrai sans humilier les gens ? Pour être entendu, il ne faut pas que les gens soient rabaissés. Quand on parle de radicalisation, d'émergence du religieux dans l'espace public, on pense à une seule religion : l'islam. »

Pour avoir travaillé longtemps dans le Pas-de-Calais, elle a vu à l'œuvre ce qu'elle appelle les « mutations ». Elle se souvient, notamment, des affluences drainées par des réunions publiques organisées autour de la religion musulmane. « Ce qui m'épatait, c'est qu'on peinait à faire venir une centaine de personnes autour d'un objet de politique publique, alors que pour un objet musulman, c'était 1 000 personnes. Quand Tariq Ramadan venait dans le Nord, les salles explosaient. Il y avait la queue. La salle bondée. Bondée ! » Elle enchaîne sur le 9-3 : « Ici, les filles portaient le foulard, et puis le foulard est devenu noir, et puis c'est devenu le niqab. C'est allé très vite. La population a complètement été transformée. Les Blancs s'en vont, les Arabes non musulmans ou complètement intégrés dans le creuset républicain s'en vont aussi. Restent massivement ceux qui acceptent de vivre avec pas de charcuterie, pas de possibilité pour les femmes de se promener dans l'espace public, etc. »

Elle a pourtant le cœur bien accroché. En débarquant d'Algérie, elle a connu les cités abandonnées de la banlieue parisienne. La pauvreté était le seul vrai sujet. Absolument pas la religion. Nommée préfète à l'Égalité des chances le 1er janvier 2016 à Bobigny, Fadela Benrabia, pure vallsiste, a été soufflée, d'entrée, par la prééminence du fait religieux. « Quand je suis arrivée en Seine-Saint-Denis, la masse m'a impressionnée. La masse des foulards et des barbus. Le nombre de foulards, les barbes, c'est impressionnant. La première cérémonie de naturalisation j'étais un peu scotchée. Vous venez de faire un discours sur les valeurs de la République, et vous remettez des décrets de naturalisation à des femmes qui portent le niqab. »

Un choc. Et cette question, posée d'entrée. « So what ? », comme elle dit. Après tout est-ce un souci, cette visibilité ostentatoire incarnée par les tenants d'une lecture rigoriste de la religion musulmane ? « C'est quand même un problème d'avoir cette mutation, juge Fadela Benrabia. D'autres femmes jeunes ou plus âgées considèrent que l'écosystème local est tellement transformé qu'elles sont obligées de mettre un voile alors qu'elles n'en mettaient pas avant. » Y compris des femmes de sa génération.

La préfète en est convaincue, le terreau sur lequel prospère l'islamisme n'est nulle part plus fertile en France : « Le nombre de gamines qui remettent le voile à la sortie du collège, je peux vous dire que ça a explosé. Tout est "halalisé". »

« Je vois une incapacité des élus à gérer ces sujets-là »

Elle observe cette population qui ne veut plus s'éloigner, quitter le 9-3. Depuis peu, le département n'est plus un sas, lui qui a longtemps joué un rôle de « gare de triage » ; on y venait, puis on repartait. Il est vrai que les revendications anciennes de la communauté, dont beaucoup parfaitement légitimes, ont été satisfaites : construction de mosquées, installation de magasins halal… Fadela Benrabia se promène, parfois, au marché de Saint-Denis. Ce qu'elle y voit ne lui plaît pas : « La question que je me pose : c'est quoi les normes sociales qui sont en train de s'établir ? Les sociabilités nouvelles dans ce territoire ? Qui dit sociabilité nouvelle dit normes ; qui dit normes dit nouveau contrôle. Quels rapports entre femmes et hommes, de domination, d'évitement ? Quand on se lève le matin, on va faire son petit chemin pour conduire ses enfants à l'école, qu'est-ce qu'on voit ? On passe devant le kebab du coin qui est fermé parce qu'on sait que le responsable s'est fait arrêter, ensuite la première boucherie halal, la deuxième boucherie halal, la troisième boucherie halal, ensuite la librairie religieuse, et le *muslim style* qui vend des niqabs… Qu'est-ce que ça fabrique ? Des normes. Des quartiers complets sont sous la coupe du halal. »

Elle a essayé de comprendre les différentes strates. Les courants religieux en concurrence. Historiquement, dans les années 1980, les Frères musulmans ont été les premiers à s'installer, à Stains, Aubervilliers, Sevran. « Aujourd'hui, observe-t-elle, il y a aussi les salafistes, les uns servant aux autres. C'est du salafisme en col blanc. Les Frères musulmans commencent le travail et les autres n'ont plus qu'à tirer. » Nés en Égypte, les Frères musulmans préconisent de participer à la vie politique contrairement aux salafistes qui prônent une rupture avec la société occidentale. Pour essayer de repérer les lieux d'influence idéologique, les services de la préfecture ont tenté de dresser une cartographie – confidentielle – un peu particulière des lieux de prière, et de leur voisinage, les commerçants surtout.

Quid des élus ? Confrontés à une évolution qu'ils n'ont su anticiper, les maires – toutes tendances confondues – naviguent à vue, entre clientélisme intéressé et ouverture sincère. Pas le choix, dans un département où 160 lieux de culte (mosquées ou salles de prières) côtoient 117 églises, selon une enquête du *Point* parue en août 2016. « Je vois une incapacité des élus à gérer ces sujets-là, râle la préfète. Ils ont été historiquement complètement débordés sur un sujet qu'ils ne connaissent pas. S'ils s'étaient intéressés à ce qu'est l'islam, ça se saurait. Il y a une méconnaissance historique totale de l'islam. Les populations sont réduites à des immigrés non intégrés. Ça fabrique des écrans, ça empêche de comprendre les choses… Résultat, le seul sujet important pour les élus, c'est de ne pas être victimes d'accusations de racisme ou d'islamophobie. » Et d'ironiser : « C'est un peu juste pour administrer une ville en termes de méthodes et de valeurs. » La préfète déplore « un clientélisme qui s'est multiplié ».

Les élus, dépassés ou complices certes, mais aussi l'État. La République a-t-elle laissé dépérir ces territoires, quitte à encourager un retour du religieux ? La préfète l'admet : « On a un retrait des services publics et de qualité. » Mais elle précise aussitôt : « L'État n'a jamais abandonné personne. »

« On ne peut pas dire que les élus aient excellé. Ils ont certes œuvré pour la construction de mosquées dignes de ce nom, en facilitant des opérations. Mais ils se sont fait complètement embobiner par des gens qui leur ont fait croire que c'étaient des grands défenseurs de la République, et puis en fait le prêcheur est salafiste… » La préfète déplore que le tissu associatif ait été repris en main par « des associations portées par des gens de confession musulmane, repérés comme tels, et qui ont une légitimité parce qu'ils sont musulmans ».

Mais encore faut-il entendre, distinguer les signaux, ceux qui révèlent la fin d'un monde, la naissance d'un autre. Ces quartiers où, désormais, il ne fait pas bon ouvrir un commerce à l'ancienne. La préfecture reçoit quantité de signalements alarmants. « Si vous voulez vendre du jambon ou du fromage, vous n'irez pas à Stains. Ce sont des menaces qui nous remontent. C'est invérifiable, c'est le mutisme total. Il y a l'omerta entre eux. C'est qu'il y a de la pression, de la menace… »

« Le système est en distorsion »

Et puis, il faut aussi gérer l'absence de mixité sociale au sein du territoire. Celle qui pousse à déménager, pour s'installer à Villemomble, Livry-Gargan, Pavillons-sous-Bois… Pour obtenir une meilleure école, un destin plus enviable. Sinon, c'est souvent s'exposer à l'échec.

Car Fadela Benrabia pointe l'inexpérience des professeurs, policiers et autres fonctionnaires affectés dans le 9-3. « On leur envoie pour l'essentiel des enseignants en sortie d'école. On marche sur la tête dans ce département. Beaucoup démissionnent et lâchent l'affaire. Personne ne demande à postuler dans le 9-3. On est obligé de créer des concours spécifiques. Pour les policiers et les magistrats, on n'a que des sorties d'écoles. Le système est en distorsion. » Autrement dit, la Seine-Saint-Denis est le département qui a le plus de besoins et le moins de moyens.

Fadela Benrabia fait ce constat, aujourd'hui : « La légitimité profonde est la référence religieuse. » Y compris à l'école. Surtout à l'école. « Il y a un vrai sujet "déscolarisation". En général, ce sont les salafistes qui créent des écoles coraniques. Même l'Éducation nationale ne nous donne rien. Du coup, on fait les chiffres nous-mêmes et on leur montre qu'on sait. On leur dit : "Ça suffit, maintenant vous arrêtez de jouer aux bisounours !" »

Pessimiste, voire cynique, la préfète ? Ou tout simplement lucide… Il est tard, la préfecture s'est vidée depuis un bon moment. Elle met brusquement fin à l'entretien et a ces derniers mots : « Ce qui est intéressant, c'est comment ça se répand. Comment ça prend le pouvoir. Parce que c'est ça, le vrai pouvoir. Quand tout le monde a intériorisé la domination. »

Fadela Benrabia, elle, extériorise.

3.

La directrice

Les anecdotes, Véronique Decker les collectionne.

Directrice d'école depuis un quart de siècle en Seine-Saint-Denis, elle en a tellement vu… Comme l'histoire de ce père de famille musulman, venu il y a quelques années exiger qu'elle appelle son fils Mouhamad avec le « h » prononcé en arabe, comme un « r » français. « Si vous voulez l'accent du Qatar, il faut immigrer au Qatar », lui a-t-elle rétorqué en substance, sans se démonter…

Elle est comme ça, Véronique Decker, franche et sans craintes.

Fin de l'histoire ? Pas vraiment. Un jour que l'instituteur travaillait sur la généalogie, l'un des deux fils du même père de famille, un gamin d'origine franco-italienne, indique qu'il est de nationalité « arabe ». La maîtresse lui propose d'interroger ses parents, car arabe n'est pas une nationalité. Le lendemain, le garçon rapporte : « Mon père n'est pas d'accord, mon origine, c'est musulman ! »

Véronique Decker se décrit comme la « Miss Marple » des banlieues, du nom de la célèbre détective imaginée par Agatha Christie. Son village de Saint Mary

Mead à elle, c'est la riante cité Karl-Marx de Bobigny. À 60 ans, ce petit bout de femme hyperdynamique affiche une liste de faits d'armes impressionnante. Familière des apparitions dans le bidonville des Coquetiers de Bobigny, elle en a fait le campement rom le plus scolarisé du pays. Durant des années, elle grimpe dans les tours de dix-huit étages qui surplombent son établissement pour aller cueillir les élèves absents des classes. Croisée de la laïcité – « mais surtout pas une laïcité coincée », prévient-elle –, Véronique Decker, sans doute la directrice d'école la plus remuante du département, ne se résigne toujours pas à l'essor d'un islam rigoriste dont elle est un témoin privilégié, mais pas impuissant, depuis trois décennies. « Des enfants imaginent une pureté religieuse qui n'est même pas transmise par leurs propres parents », soupire-t-elle.

« Quand je suis invitée chez une famille au Sénégal, je mange avec les doigts. Je ne vais pas exiger un couteau, une fourchette, une tranche de saucisson et un verre de pinard ! », clame-t-elle encore, évoquant ce père d'élève qui ne voulait pas lui serrer la main. Mais Véronique Decker est bien obligée de le constater : dans le 9-3, et tout particulièrement à Bobigny, l'islam est devenu, petit à petit, une norme sociale qui a investi l'école. Un islam débordant dont elle tente, à sa manière, de contenir l'expansion.

Édifiant, le témoignage de la directrice de l'école élémentaire Marie-Curie vient d'abord battre en brèche une idée reçue : le phénomène n'est pas récent.

En 1994, Véronique Decker gagne son grade de directrice à l'école maternelle Robespierre de Bobigny. Elle s'installe dans la ville avec son compagnon. Le halal n'existe pas, ou très peu. « Aujourd'hui c'est la croix et la bannière pour faire manger de la viande aux gamins musulmans, raconte-t-elle. Même le poulet qui est tué par une machine, ils refusent. Ils sont tétanisés. J'ai vu des mômes de 8 ou 9 ans vomir... »

« Moi vivante, il n'y aurait jamais la moindre "table pure" »

C'est en fait en 2000, lorsqu'elle débarque à l'école Marie-Curie, qu'elle prend conscience pour la première fois de la mutation en cours. À son arrivée, elle constate, effarée, que les enfants ont pris l'habitude de se répartir à la cantine entre tables « pures » et « impures ». Comprendre : les musulmans – majoritaires – d'un côté, les autres à part. « Alors là, j'ai grimpé au rideau immédiatement : moi vivante, il n'y aurait jamais la moindre "table pure" », se souvient-elle. La nouvelle directrice élabore donc un gigantesque plan de table, comme pour les mariages. Chacun des 280 élèves aura désormais une place attitrée, avec obligation que filles et garçons soient assis côte à côte, le tout sans distinction d'origines, religieuse, ethnique, sociale...

Cette femme-soldat de l'école publique ne croit pas en Dieu. De mère chrétienne travaillant dans une agence immobilière et de père plombier qui « bouffait » du curé chaque matin, Véronique tient plutôt du second.

Elle a encore en mémoire le premier incident sérieux qu'elle a eu à gérer, quelques mois à peine après son arrivée à l'école Marie-Curie. Une visite scolaire avait tourné au bras de fer : un groupe d'élèves de

10 ans refusant obstinément d'entrer dans la basilique de Saint-Denis… parce que c'est *haram*, illicite, en arabe. Prévenue par l'institutrice, la directrice déboule et s'en prend fermement aux enfants. « Tu n'entres pas pour prier, tu entres pour visiter ! », lance-t-elle à l'un d'eux, sans résultat. Alors, patiemment, elle va expliquer que pénétrer dans un lieu saint ne signifie ni trahison à sa foi ni conversion automatique. Les élèves finiront par franchir la lourde porte de la cathédrale… Véronique Decker a emporté sa première bataille, mais elle pressent déjà qu'elle en aura beaucoup d'autres à mener.

C'était il y a dix-huit ans, et rien ne s'est arrangé, bien au contraire. Depuis cette visite jugée « impure » par ses élèves, elle a vu défiler la loi de 2004 interdisant les signes religieux ostentatoires à l'école, les émeutes urbaines de 2005, la montée du salafisme dans le quartier, la mise « hors la loi » du voile intégral, les attentats islamistes… Curieusement, à en croire Véronique Decker, tous ces événements ont en réalité eu peu d'impact sur l'installation inexorable dans le décor du quotidien d'un islam assumé, banalisé. Et qui n'a jamais cessé de frapper à la porte de l'école, pour finir par y entrer par effraction.

Ce jour de 2001, par exemple, lorsqu'une dizaine de filles d'origine turque inscrites en CM1 se déclarent en chœur allergiques au chlore, certificats médicaux à l'appui. Gênant, pour prendre des cours de natation. Véronique appelle le médecin : ou bien il leur prescrit une consultation chez l'allergologue, ou bien il parle avec les parents un peu trop attachés à la « pudeur ». « Le gars a commencé à s'emberlificoter : "Oui, mais vous comprenez…" J'ai dit : "Non, moi je suis très con, je ne comprends pas…" » Une menace de saisine du conseil de l'ordre dissuade finalement le docteur d'établir d'autres certificats de complaisance. Victoire ? Pas tout à fait, car par la suite, les fillettes « oublieront » systématiquement leurs maillots de bain à la maison. Alors, la directrice en achètera elle-même pour en avoir toujours à l'école.

À la même époque, Véronique Decker guerroie avec une mère d'élève portant le niqab, ce voile couvrant tout le corps sauf les yeux. C'était avant la loi de 2010 interdisant la dissimulation du visage dans l'espace public. Trois procès s'enchaînent. Elle les perd. « Il y avait une contradiction du point de vue de la sécurité ; tous les parents, qui sont majoritairement musulmans, étaient d'accord », se justifie-t-elle encore aujourd'hui, fustigeant l'inaction de la direction académique de l'époque. L'histoire se solde par un compromis : la mère voilée est reçue à d'autres horaires, le vendredi soir, au lieu du samedi avec les autres parents.

Depuis, cet islam à la fois réactionnaire et envahissant n'a cessé de monter en régime. Ces dernières années, certaines familles semblent même structurer leur vie dans un monde parallèle à celui des représentants de l'État.

Un matin de janvier 2014, à l'école Marie-Curie, dix-huit élèves manquent à l'appel. On est au cœur de la polémique sur les « ABCD de l'égalité », initiative de la ministre de l'Éducation nationale Najat Vallaud-Belkacem visant à sensibiliser les enfants aux inégalités de genre. Les parents ont reçu de mystérieux SMS qui prétendent que le gouvernement introduira des « cours de masturbation » en maternelle et organisera des démonstrations d'acte sexuel en CP… Ces messages proviennent de Farida Belghoul, militante proche de l'essayiste d'ultradroite Alain Soral et instigatrice du mouvement Journée de retrait de l'école.

« Vous m'imaginez mimer l'acte sexuel avec un pénis en peluche ?! »

D'autres associations musulmanes rigoristes s'organisent. À Saint-Denis, des responsables de la mosquée Tawhid soutiennent l'organisation catholique intégriste Civitas, venue donner une conférence dans la ville. En plein débat sur le « mariage pour tous », les forces religieuses conservatrices de tous horizons se rejoignent en profitant des doutes et incompréhensions qui traversent leurs communautés respectives.

La défiance envers les autorités est en tout cas suffisante pour créer des remous dans les écoles du 9-3, où l'absentéisme atteint jusqu'à 30 % des inscrits. Véronique Decker appellera les parents un par un, pour les convaincre. « Écoutez, quand même, vous me connaissez depuis douze ans, vous m'imaginez mimer l'acte sexuel avec un pénis en peluche ?! », lance la directrice à une maman inquiète. Depuis cet épisode, l'équipe d'instituteurs de l'école Marie-Curie ne « lâche rien » sur l'éducation sexuelle, au programme des CM2. « Beaucoup de parents demandent : on peut savoir quel jour vous ferez l'éducation sexuelle ? relate la directrice. Je leur dis, non, parce que vous ne me demandez pas quel jour on fait la division ! »

Dialoguer mais ne rien concéder sur l'essentiel, voilà donc la méthode Decker. « Les habitants des banlieues ne sont pas des abrutis, dit-elle. Quand les gens sentent qu'on est déterminés mais sans être dans une position de jugement ou de rejet, on peut avancer. » Et pas question de verser dans l'islamophobie : « À l'époque où tous les gamins faisaient leur communion, on allait tous faire nos trois jours de retraite et personne ne disait rien », rappelle-t-elle utilement.

Convaincue que rien n'est jamais figé, elle s'efforce de « ne pas scotcher les ultrareligieux là où ils sont ». Elle aide des mères souhaitant travailler à devenir auxiliaires de vie scolaire (AVS). À condition qu'elles retirent leur foulard au moment où elles posent un orteil dans l'école, espace où doit s'imposer la neutralité politique et religieuse du service public.

Véronique Decker s'enorgueillit de « récupérer » des parents happés par la tentation obscurantiste. Elle se souvient de cette mère entièrement voilée de noir qui avait décidé de confier ses filles à l'école El-Dirrayah, un établissement privé musulman situé à Sevran.

On s'est rendus sur place, poussés par la curiosité. Derrière l'école publique, distante d'environ deux cents mètres, et comme plantée au milieu de nulle part, se trouve en miroir l'école musulmane El-Dirrayah.

Ici, pas de couleur vive. Sur le parking, un groupe de mères en jilbabs noirs d'un côté, des pères barbus de l'autre. Méfiance immédiate. « Vous êtes de l'académie ? », nous demande une femme. Organisé en deux préfabriqués parallèles, intérieur sombre et plafond bas, le lieu accueille des enfants en bas âge. Filles d'un côté, garçons de l'autre, selon les échos parvenus à Véronique Decker. Certains garçonnets portent le pantalon relevé au-dessus d'une cheville frêle, les filles le voile noir. Le directeur, allure élancée et longue barbe brune, nous reçoit dix brèves minutes dans son bureau, le temps de nous assurer que son établissement applique le programme de l'Éducation nationale. Pour éviter d'avoir à serrer la main d'une femme, il s'esquive en catastrophe et nous salue à distance. Malaise. On sort de là comme d'une bulle sans lien avec le monde extérieur. Véronique Decker, elle, y voit le laxisme des autorités. « Comment ces gamins qui n'ont jamais fréquenté de *kouffar* (mécréants) vont-ils faire pour vivre en société ? », s'inquiète-t-elle.

Elle reprend son récit. La mère qui scolarisait ses deux filles dans l'école confessionnelle se rend compte qu'elles ont des carences, raconte la directrice, qui récupère les fillettes, l'une en CP, l'autre en CE2. « Leur mère était très stressée, se souvient-elle, donc je lui ai fait visiter l'école ; elle a vu que c'est plein de musulmans partout, ça l'a rassurée. »

Ne pas scotcher les gens là où ils sont.

L'idée est noble, mais parfois complexe à mettre en œuvre. Depuis les attentats de 2015, la frontière entre principe de précaution et discrimination institutionnelle est plus délicate à tracer, et l'un des enseignants stagiaires de Véronique Decker en a fait les frais. « Il avait une vraie gueule d'Arabe, lâche-t-elle, toujours aussi directe, avec une barbe pas très longue, mais pas aussi courte que celle d'Édouard Philippe, ce qui rajoutait au look Daesh ! » Le jeune homme n'a pas obtenu sa titularisation. Le 9-3 compte 1 400 personnes fichées pour risque de radicalisation djihadiste, soit 10 % du total national, ce qui pousse les pouvoirs publics à redoubler de vigilance, notamment dans les établissements scolaires.

Il y a quelques années, une enseignante stagiaire était arrivée dans une école maternelle du département vêtue d'un grand voile noir et, malgré ses mains gantées, refusait de toucher les enfants « mécréants ». Face au comportement inacceptable de l'enseignante, « les syndicats n'ont pas bougé une paupière », précise Véronique Decker. L'inspectrice d'académie, elle, a renvoyé la stagiaire fondamentaliste.

Même scénario en janvier 2015, à Bobigny, au lendemain de l'attaque contre *Charlie Hebdo*. Une animatrice de cantine à peine sortie de l'adolescence refuse net d'observer la minute de silence. « Ça ne m'intéresse pas », lance-t-elle insolemment à Véronique Decker en tournant les talons, sous les yeux de la petite communauté scolaire réunie dans la cour. « Le travail de discussion n'avait pas été fait avec elle », note cliniquement la directrice, qui exige – et obtient – aussitôt son départ.

« Il faut être bienveillants avec tous ces gens qui croient en Allah »

Avec ces familles qu'elle accueille le matin devant les grilles et qu'elle croise le week-end à Carrefour, Véronique Decker ne discute pas que de bulletins scolaires. Elle les côtoie, les connaît. « Très majoritairement, ces parents musulmans veulent que leurs enfants aient une vie tranquille en France, juge-t-elle. Qu'ils fassent un bon parcours à l'école, aient un métier, un logement, se marient et aient des enfants à leur tour... Pourquoi met-on tous les musulmans dans le même sac ? » Peut-être parce que, comme elle l'assure, l'Éducation nationale a longtemps fermé les yeux face au danger. Ne pas être islamophobe, pensait l'administration, c'était accepter les revendications de l'extrême droite musulmane, selon la directrice. « Il faut être bienveillants avec tous ces gens qui croient en Allah, parce qu'ils sont là et resteront là. Mais il faut tenir fermement leur extrême droite éloignée de nos institutions. Les salafistes font partie d'une droite dure, avec dans leurs rangs des éléments extrémistes », résume-t-elle.

Les problèmes liés à une pratique rigoriste de l'islam sont multiples à l'école Marie-Curie, comme sur l'ensemble du département : un absent pour la prière de 14 h 07, une fillette crevant de chaud sous son pull un été caniculaire, un enfant de 6 ans affamé par le jeûne… « On y est tout le temps confrontés, commente Véronique Decker. La religion a trouvé un discours sur l'éducation de la jeunesse. » Elle évoque la physicienne Marie Curie, double prix Nobel, qui a donné son nom à l'établissement. Marie Curie, à qui l'Église catholique refusait le droit d'aller à l'université, en Pologne. « On pensait avoir gagné le combat contre les cathos, et là, on se retrouve à se battre une deuxième fois », constate la directrice. Pas question toutefois de verser dans l'amalgame, entre l'intégriste et le terroriste, Véronique Decker voit plus qu'une nuance. « C'est différent : l'un est très dangereux, l'autre se contente de nous emmerder au quotidien ! », s'exclame-t-elle.

La plupart du temps, les enfants sont réceptifs au discours républicain de leur directrice. C'est du moins ce que Véronique Decker veut croire. Plus encore pendant les classes vertes, loin de Bobigny. Ces courts séjours en collectivité poussent parfois à leur paroxysme les tensions sur le thème de la laïcité. L'accord négocié avec les parents est clair : leur progéniture peut prier, mais « sans bougie, ni crucifix, ni tapis ». Un jour, un père d'élève de CE1 enfreint la règle. Il a glissé un tapis de prière dans la valise de son fils. L'enfant se relève à 23 heures, arpentant les couloirs du dortoir en cherchant désespérément la direction de La Mecque. La maîtresse le repère, furieuse, et le remet au lit *manu militari*.

À table, Dieu, ou plutôt Allah, n'est jamais loin. Repas végétariens ou poisson au menu, lorsque les parents refusent – ce qui est le cas la plupart du temps – que leurs enfants mangent de la viande non halal. Un jour, lors d'un barbecue avec chipolatas et merguez, un élève s'alarme que tout soit cuit sur le même gril. La directrice lui lance : « Attends, ma chipo, elle ne va pas aller attaquer ta merguez ! »

Ces classes vertes annuelles sont devenues un rituel depuis dix-sept ans. « Emmener les enfants ailleurs est essentiel pour qu'ils comprennent dans quel pays ils vivent. Beaucoup ne connaissent de la France que Bobigny, Aubervilliers et La Courneuve », estime Véronique Decker. À Aillon-le-Jeune, village tout proche du Châtelard-en-Bauges, en Savoie, un petit Mamdou remarque : « Il n'y a pas de grands bâtiments, c'est qu'ils sont tous riches, ici. » Pas si sûr. Une vieille dame passe. La directrice l'interpelle : « Bonjour, madame, mes élèves s'interrogent. Comme ils ne voient pas de grandes barres HLM dans votre village, ils pensent que tout le monde est riche. Je voulais savoir ce que vous en pensiez. » Évidemment, la femme éclate de rire et fait entrer les six élèves dans sa salle à manger. Elle leur raconte sa petite retraite d'agricultrice, l'entretien du potager, vital depuis la mort de son mari…

Les élèves de Bobigny écoutent en silence.

Comment lutter contre les préjugés ? En parlant.

En 2018, il n'y a pas eu de classe verte, faute de subvention. En 2015, la municipalité de Bobigny avait déjà supprimé l'aide à la bibliothèque scolaire ; l'année suivante, celle pour l'audiovisuel. Dans une ville où le taux d'abstention culmine à 70 %, seuls les retraités des pavillons votent encore. « Les gens ne parviennent pas à se constituer en force politique, poursuit-elle. C'est tout le problème des quartiers populaires. Du coup, la seule force qui intervient, c'est la religion. »

Pour faire reculer l'intégrisme et l'ignorance, qui vont souvent de pair, Véronique Decker mise sur la culture. À l'Institut du monde arabe, à Paris, ses écoliers découvrent des corans illustrés avec des figures humaines, entendent des musiques en arabe du XVIIe siècle... « Ça fait du bien ! s'exclame-t-elle. On leur réapprend que la poésie, le chant, la danse étaient le summum du raffinement au Moyen-Orient. Les gros cons qui dominent les associations et qui pensent qu'ils vont ressembler à Mahomet parce qu'ils relèvent le jogging au-dessus de la cheville tout en vendant du shit n'ont rien compris de l'univers culturel musulman. Ces prédicateurs ont réinventé le monde, un monde dans lequel les Africaines s'habillent en Iraniennes, et où les femmes sont voilées depuis la nuit des temps. »

Pour décrire son quotidien, Véronique Decker a déjà écrit deux livres : *Trop classe !* (Libertalia, 2016) et *L'École du peuple* (Libertalia, 2017). Elle espère en publier un troisième avant de quitter l'institution scolaire, d'ici 2020. « La laïcité est la base de l'organisation sociale. Il faut qu'elle soit acquise par tous ceux qui vivent en France, même les ultrareligieux », répète-t-elle inlassablement. « J'ai passé ma vie à vouloir que le monde soit plus juste », dit-elle encore. Avant de conclure : « On n'a pas beaucoup avancé, mais ça m'a bien occupée ! »

4.

Le syndicaliste

Chaque matin, Samy venait tranquillement récupérer son autobus au dépôt RATP des Pavillons-sous-Bois, une petite ville tranquille située au cœur de la Seine-Saint-Denis, à équidistance de la capitale et de l'aéroport de Roissy. Crâne glabre, timide barbichette, Samy a parcouru, quotidiennement, durant quinze mois, entre 2011 et 2012, le tracé de la ligne 148. Départ Bobigny-Pablo-Picasso, puis direction le nord, avant de traverser tout le Blanc-Mesnil et Drancy, la commune où il a grandi. Dans le gigantesque garage des Pavillons, où sont regroupés les bus fatigués qui sillonnent la Seine-Saint-Denis, le chauffeur se montrait très discret, introverti même. « Il ne disait même pas *salam* comme le font la plupart des agents musulmans quand ils se croisent », se souvient Tarek, l'un de ses anciens collègues.

Le 13 novembre 2015, Samy Amimour s'est fait exploser au Bataclan…

Quand l'identité du terroriste a été révélée, la plupart des salariés du dépôt RATP n'ont pas été franchement stupéfaits. Depuis plusieurs années, le lieu traîne la réputation d'être un repaire de « barbus ». Un endroit miné par le communautarisme islamique. « Des fantasmes », balaie Nordine Bennecer, un syndicaliste de la RATP à la fois incontournable sur le sujet et suspecté d'être un peu trop proche des musulmans les plus radicaux. « À la Régie, nous assure ce membre du Syndicat autonome Tout-RATP (SAT-RATP), quand on parle d'islam, de radicalisation, de laïcité, dans les syndicats, ils vous diront : Nordine Bennecer ! Parce que je n'hésite pas à mouiller la chemise. »

On va reparler de Nordine Bennecer.

Mais commençons par ce fameux dépôt de bus.

Interdit d'accès à la presse, le centre des Pavillons-sous-Bois nourrit, c'est vrai, de nombreux fantasmes dans le département. Nous sommes parvenus, une première pour des journalistes, à y pénétrer. Notre – discrète – visite nous a permis de constater que la réalité était un peu plus complexe. Si le dépôt est loin d'être à la solde des islamistes, et encore moins une « fabrique de terroristes », le fait religieux, en l'occurrence islamique, y est en revanche omniprésent.

Pourtant, le très strict principe de neutralité du service public est supposé s'imposer aux 45 000 agents franciliens de la RATP, parmi lesquels figurent 15 000 conducteurs de bus… À l'instar des fonctionnaires, les salariés de la RATP ont donc l'interdiction formelle de manifester, dans l'exercice de leurs fonctions, la moindre conviction religieuse.

Mais ce principe de neutralité reste, dans certains cas, purement théorique, tout particulièrement dans le 9-3… Un passage par les vestiaires du dépôt des Pavillons permet d'en prendre rapidement la mesure. Immédiatement, nous tombons sur un agent à l'uniforme vert qui s'engouffre dans une étroite pièce. Le réduit, à l'allure de cabine de piscine municipale, est utilisé pour se changer. L'employé s'empresse de fermer la porte à clé derrière lui. Un coup d'œil à notre montre indique qu'il est précisément 15 h 22 : c'est l'heure d'Al-asr, la prière de l'après-midi. L'homme ne restera que quelques minutes enfermé. Le temps de déplier un fin tapis en polyester étanche, avec motifs orientaux et boussole intégrée. Le tout se glisse parfaitement dans une poche.

L'homme, âgé d'une quarantaine d'années, ressort, transpirant, manifestement très mal à l'aise. Dans deux minutes, ce conducteur de bus reprend son service.

Il faut le rappeler : dans les services publics, toute prière sur le lieu de travail est interdite. Dans son guide de la laïcité, distribué à tous ses agents et dont elle se vante tant, la direction de la RATP s'exprime sans ambiguïté : « Un agent peut-il effectuer ses prières pendant les heures de travail ? Non. Il convient de se référer au principe de neutralité clairement inscrit dans le contrat de travail pour rappeler au salarié qu'il s'est engagé à proscrire toute attitude pouvant révéler une appartenance à une religion. » Le même guide précise également qu'aucun local de la Régie ne saurait « recevoir une destination autre que professionnelle ». De beaux principes clairement violés au dépôt des Pavillons-sous-Bois, au vu et au su de tous les employés. Difficile de ne pas en conclure que la RATP préfère fermer les yeux plutôt que prendre le risque de provoquer des incidents répétés aux conséquences insoupçonnables…

Car au dépôt de bus des Pavillons-sous-Bois, selon des témoignages convergents, on peut estimer à une vingtaine le nombre de salariés de la RATP, sur plusieurs centaines que compte le site, qui prient quotidiennement sur leur temps de pause. Toujours de manière individuelle et le plus discrètement possible. « C'est moins qu'avant », affirme Tarek. Cet homme dans la force de l'âge, à la barbe fine, qui refuse de donner son nom de famille par peur de représailles, a lui-même cessé de prier dans les vestiaires depuis deux ans. « J'ai pris conscience que la direction pouvait me le reprocher. Je rattrape les prières chez moi, le soir. Dieu comprend très bien », glisse-t-il.

Selon Tarek, depuis les attentats de 2015 une rumeur court le dépôt : les services de renseignements surveilleraient le vestiaire à l'aide de mini-caméras. L'information est impossible à vérifier, mais sa propagation en dit long sur l'état de tension et l'atmosphère de suspicion permanente qui règnent ici depuis trois ans.

Autre manifestation d'un islam rigoriste : aux Pavillons-sous-Bois, comme dans la plupart des dépôts ou des terminus RATP de Seine-Saint-Denis, une poignée d'agents s'interdisent de serrer la main des femmes. Certains salariés refusent également de subir une visite médicale si elle est réalisée par un médecin du travail de l'autre sexe. Des managers sont obligés par ailleurs de rappeler régulièrement que le pantalon d'uniforme doit couvrir les chevilles alors que les musulmans rigoristes ont tendance à le raccourcir. Un *hadith* (parole prêtée au prophète Mahomet) assure en effet que « ce qui descend de l'habit au-dessous de la cheville sera dans le feu ». Dans les toilettes, des gobelets ou de petites bouteilles traînent parfois autour des lavabos. Ils servent à pratiquer les ablutions avant la prière ou à se laver les parties intimes après avoir uriné.

« Les Antillais avec les Antillais, les Arabes et les Africains ensemble »

Et puis, il y a ces cas d'hommes refusant de conduire juste après qu'une femme a tenu le volant. Des faits difficiles à étayer. Pour certains salariés, il s'agit de cas avérés. Christophe Salmon, syndicaliste CFDT en pointe dans la dénonciation des dérives religieuses au sein de la Régie, confie avoir reçu plusieurs témoignages dans ce sens. Un tract de la CFE-CGC, le syndicat des cadres, semble confirmer l'existence du phénomène. De son côté, la direction de la RATP garantit qu'aucun cas n'a été relevé. « Faux, il y a même eu des sanctions », maintient Christophe Salmon, qui va jusqu'à affirmer que des chauffeurs se sont mis à porter des gants afin de ne pas avoir à mettre leurs mains en contact avec le volant. « C'est du domaine de la science-fiction », s'indigne de son côté Hervé Techer, délégué central du syndicat SUD.

« Les dérives ont débuté dans les années 1990, avec des cas de refus d'hommes de serrer la main des femmes », rappelait en juin 2017 Patrice Obert, délégué général à l'éthique à la RATP, dans un entretien accordé au site Slate. « Quand un manager était alerté, il ne savait pas quoi faire, et s'il remontait l'information, sa hiérarchie lui demandait souvent de régler le problème et de se concentrer sur la qualité de service. À ce sentiment de n'être pas très soutenu s'ajoutait la crainte d'être taxé de raciste ou d'islamophobe. »

Les années 1990 correspondent aussi à une période où les conditions de travail des machinistes de Seine-Saint-Denis se dégradent. Les voyageurs munis d'un titre de transport en bonne et due forme se raréfient. Des bus se font caillasser ou attaquer à la batte de baseball. Les conducteurs, victimes d'agressions, cessent de plus en plus souvent le travail. Pour endiguer le fléau, Christian Blanc, nommé patron de la RATP en 1989, pense avoir trouvé LA solution : embaucher des agents venus des banlieues. Officiellement, les conducteurs doivent ressembler aux voyageurs. En interne, on parle plutôt d'acheter la paix sociale, en l'occurrence de recruter des « grands frères », bien utiles pour faire rouler les bus dans les quartiers chauds, alors que les renforts policiers demandés par les syndicats n'arrivent pas. Cette politique d'embauche tournée vers les banlieues est généralisée par Jean-Paul Mailly, patron de la Régie entre 1994 et 2002. Mais le recrutement de « grands frères » ne suffit pas à enrayer la délinquance. Les agressions se multiplient, des bus sont attaqués au cocktail Molotov. En revanche, l'embauche de « grands frères » favorise le communautarisme qui se répand déjà en banlieue et se propage au sein de la RATP. « En Seine-Saint-Denis, l'entreprise a pour mission de desservir tous les quartiers. Donc, pour conduire un bus dans un quartier où il n'y a que des Arabes, on fait conduire le bus par un Arabe. Un bus qui doit circuler dans un quartier où il y a que des Noirs, on le fait conduire par un Noir », résume crûment Patrick, aux ressources humaines de la Régie depuis plus de dix ans.

Dans les dépôts ou les terminus, les agents se regroupent de fait par origines. « Les Blancs avec les

Blancs, les Antillais avec les Antillais, les Arabes et les Africains ensemble », souligne avec franchise Nordine Bennecer, fidèle à sa réputation de grande gueule.

Les syndicats, dont celui de Bennecer, le SAT, sont accusés de surfer sur cette vague communautariste, voire de l'amplifier. La loi sur la représentativité syndicale de 2008 impose aux syndicats de recueillir plus de 10 % des voix aux élections professionnelles pour pouvoir s'asseoir à la table des négociations sociales. Dans un contexte de baisse sensible de l'engagement syndical, certaines organisations semblent prêtes à fermer les yeux sur les dérives communautaires et religieuses pour espérer décrocher le sésame de la représentativité.

À la RATP par exemple, Force ouvrière est surnommée par ses détracteurs… Force orientale. En 2013 et en 2014, l'organisation a suspendu l'adhésion de deux cents de ses membres au motif qu'ils n'obéissaient pas aux valeurs laïques de l'entreprise et du syndicat. Les conséquences furent immédiates : en 2014, FO recueillit seulement 9,6 % des voix, au profit notamment d'un tout nouveau syndicat : le Syndicat antiprécarité (SAP).

Créé moins de trois semaines avant les élections professionnelles de 2014, le SAP réalise un faible score à l'échelle de l'entreprise (3 %), mais récolte plus de 50 % des voix dans le dépôt… des Pavillons-sous-Bois. Très vite, le SAP est rebaptisé « syndicat des musulmans ». Sous le sceau de l'anonymat, des salariés nous ont d'ailleurs affirmé que le SAP avait promis, oralement, à des agents de négocier auprès de la direction l'ouverture d'une salle de prière. Pour Tarek, le conducteur des Pavillons, « ça a joué pour une bonne moitié des gens qui ont voté pour eux. L'autre moitié les ont choisis parce que c'est des jeunes de banlieue ». Sollicité, le SAP a refusé de répondre à nos questions.

« Je n'ai pas la prétention de dire qu'on a réglé tous les problèmes »

« Ce ne sont pas des islamistes », tempère de son côté Nordine Bennecer. Avant de rejoindre le SAT, il est passé par le SAP. Quadragénaire à l'allure débonnaire, il est devenu le spécialiste de la défense des salariés accusés d'enfreindre le principe de laïcité. Il débute à la RATP en 2008, comme chargé du comptage des flux des voyageurs. Diplômé en sociologie, ce membre du Collectif contre l'islamophobie en France (CCIF) se fait, en quelques années, une place dans les conseils disciplinaires pour fait religieux. Son maniement habile des concepts juridiques rassure. Il n'oublie jamais de répéter que « le juge administratif doit veiller à ce que le principe de neutralité ne porte pas atteinte excessive à la liberté religieuse des agents publics ». En clair, Nordine Bennecer a une conception de la laïcité à la française conforme à celle du Conseil constitutionnel : neutralité de l'État, respect de toutes les croyances et liberté des cultes.

Nordine Bennecer vitupère d'ailleurs avec force contre ce principe de laïcité que la RATP, selon lui, « interprète toujours dans un sens restrictif ». Pour le syndicaliste, « le fait de dire bonjour est un principe de civisme, mais le fait de ne pas serrer la main ne peut donner lieu seul à une sanction disciplinaire ». Dans sa charte de la laïcité, la Régie a bien précisé en effet qu'elle ne pouvait pas prohiber le refus de serrer la main. En revanche, elle peut assigner pour discrimination un agent s'il refuse de toucher la main d'une personne explicitement en raison de son genre. La nuance est fine, et les musulmans radicaux qui refusent de se « souiller » en touchant une collègue femme n'ont pas manqué de s'engouffrer dans la brèche.

Nordine Bennecer conteste de toute façon ce point du règlement. Selon lui, ce n'est pas parce qu'on ne serre pas la main des femmes qu'on ne les respecte pas. « Une collègue m'a dit : "Les barbus, ce sont les plus respectueux." Les filles qui disent ça ont vécu dans les quartiers, elles sont amenées à travailler avec les "barbus" et elles savent bien que ce n'est pas discriminatoire. C'est simplement une conception de la vie. » Une « conception de la vie » où les hommes et les femmes peuvent se côtoyer mais ne se touchent pas.

Le syndicaliste s'indigne également des sanctions infligées aux agents pris en flagrant délit de prière sur leur lieu de travail. « Pourquoi empêcher des salariés de prier sur leur temps de pause, discrètement, sans faire de prosélytisme, alors que d'autres peuvent fumer, se détruire la santé et celle des autres ? », s'indigne-t-il. Nordine Bennecer va jusqu'à réclamer l'installation de salles de prière dans les dépôts de la RATP : « Initialement, ce n'était pas mon objectif. Maintenant, je demande la fin des sanctions et la mise en place de lieux dédiés. » Intarissable sur le sujet, Bennecer se lâche : « Un gars m'a dit : "Ça me dérange de voir quelqu'un qui fait la prière." Je lui ai dit : "Mais toi tu es blond, t'as les cheveux courts et en plus tu portes une boucle d'oreille, ça me dérange. Tu fais viril, tu es costaud, tu fais du sport, tu as une boule à zéro et tu as une boucle d'oreille. C'est un accessoire féminin, ça me dérange." L'Observatoire de la laïcité dit qu'un trouble à l'ordre public ne peut naître d'une simple gêne. Ce n'est pas parce que vous êtes gêné par quelque chose que c'est automatiquement illégal... »

Les prises de position de Nordine Bennecer agacent au sein de son propre syndicat, qui craint d'apparaître comme communautariste. Mais lui ne voit pas pourquoi il s'interdirait de s'emparer de la question du fait religieux : « La définition du syndicalisme, c'est la défense des intérêts matériels et moraux des salariés. Moraux, c'est aussi bien la laïcité que la liberté de conscience. »

La RATP a-t-elle fermé les yeux trop longtemps sur la progression du fait religieux et du communautarisme musulman ? La politique d'embauche des « grands frères » est-elle allée trop loin ? Une chose est sûre, les attentats islamistes ont poussé l'entreprise à faire son examen de conscience. Et à prendre des mesures. Clause de neutralité dans les contrats de travail, code éthique... En 2013, la RATP distribue à ses managers un guide pratique pour leur expliquer quel comportement adopter face à des cas de faits religieux. Et expose les limites légales à l'application de la laïcité. Exemple : si une femme en burqa monte dans un bus, « la loi ne confère en aucun cas à un agent le pouvoir de contraindre la personne à se découvrir ou à sortir ». Le port d'une longue barbe pour les salariés, parfois pris pour un signe d'islamisation, n'est pas plus prohibé en l'état actuel de la jurisprudence.

Nommé quelques semaines après l'attentat du Bataclan, un délégué général à l'éthique est spécifiquement chargé des questions de laïcité à la RATP. Titulaire du poste, Patrice Obert, énarque, administrateur de la Ville de Paris pendant trente-cinq ans, reconnaît : « Le problème était connu et, en même temps, il était tu. Les règles étaient fixées mais on n'en parlait pas, ça restait tabou. »

En février 2016, Patrice Obert, qui est aussi président des Poissons roses, un mouvement de chrétiens de gauche, présente un « plan travailler ensemble ». Parmi les quinze actions proposées, des formations sur la laïcité dispensées aux cadres et managers de l'entreprise. Les autres agents devront aussi recevoir une « information sur le sujet ». Concrètement, des réunions avec les salariés sont organisées dans des dépôts, des terminus… À cette occasion, des saynètes sont jouées pour « mettre en condition » les employés. Nombre d'entre eux ont jugé le procédé ridicule, voire affligeant.

Et quand nous révélons à Patrice Obert que nous avons surpris un agent en train de prier dans un dépôt de Seine-Saint-Denis, il apparaît très gêné. « Je n'ai pas la prétention de dire qu'on a réglé tous les problèmes », lâche-t-il seulement.

Seul changement notable : des sanctions sont désormais prises à l'encontre des agents surpris en flagrant délit. Mais elles sont rares. Depuis les attentats, quatre à cinq licenciements en moyenne sont prononcés chaque année pour violation du principe de neutralité. Et le nombre de rappels à l'ordre, avertissements, voire mises à pied, s'établit à une dizaine par an en moyenne, selon la direction.

Depuis fin 2017, la RATP utilise un nouvel outil pour écarter les agents suspects. Grâce à la loi du 22 mars 2016 de « lutte contre les actes terroristes dans les transports publics », l'entreprise publique peut demander au ministère de l'Intérieur de mener des « enquêtes administratives » sur des candidats à l'embauche ou sur des agents qui souhaitent changer d'affectation. Seuls les postulants à des métiers jugés sensibles – conducteur de bus par exemple – sont visés. La RATP a par exemple émis, entre octobre et décembre 2017, un total de 659 demandes d'enquête. Un chiffre très important, à mettre en perspective avec les 2 000 recrutements de machinistes (bus, métro, RER) effectués chaque année. Preuve que l'inquiétude est grande au sommet de la Régie.

Sur les 309 dossiers finalement traités, la Place Beauvau a rendu seulement vingt avis d'incompatibilité. Le dispositif a également provoqué le licenciement d'au moins trois salariés suspectés de radicalisation – islamistes pour deux d'entre eux, le troisième étant proche de l'ultradroite. Mais aucune mesure ne suffira à garantir une sécurité maximale. Comme en témoigne Philippe Riffaut, préfet délégué à la sécurité dans les aéroports de Paris : « Quand j'avais discuté avec des gens de la RATP, ils m'avaient dit : “On a un service où il y a beaucoup de gens radicalisés...” » Surpris, le préfet avait rétorqué à son interlocuteur : « Le responsable ne peut pas faire la purge ? » La réponse l'avait interloqué : « Non, parce qu'il l'est, lui aussi ! »

« Si être salafiste, c'est avoir une lecture stricte du Coran, alors oui »

Nous avons retrouvé l'un de ces hommes suspectés par la régie de dérive intégriste. Avant d'être mis à l'écart, Rachid a été pendant plus de deux ans dans le collimateur de la direction. Son parcours à la Régie illustre les tergiversations de la RATP sur ce sujet éminemment sensible. Après avoir longtemps hésité, il a accepté de nous recevoir dans son appartement de Pantin pour nous raconter son histoire. Son salon rassemble tout le luxe nécessaire à la vie moderne : un superbe canapé moelleux en cuir noir et un écran de télévision démesuré. Aux murs, une photo aérienne en noir et blanc d'une ville qu'on imagine être New York. Un intérieur très « occidental ».

Ce père de famille français d'origine marocaine, âgé de 35 ans, arbore un large sourire communicatif mangé par une imposante barbe soigneusement travaillée. Il ne cache pas son affiliation au salafisme. « Si être salafiste, c'est avoir une lecture stricte du Coran, alors oui. Si être salafiste, c'est être terroriste, alors non », prévient-il toutefois. Rachid se revendique de la branche ultra-majoritaire du salafisme, le courant quiétiste, qui condamne le recours à l'action violente.

Rachid entre à la RATP en 2006. À l'époque, il n'arbore aucun signe religieux et ne porte pas le kamis comme aujourd'hui. Sa pratique de la religion demeure limitée. Il respecte le ramadan et la prière, mais va rarement à la mosquée. « J'étais quelqu'un qui faisait chier les gens dehors. Dès que quelqu'un me disait quelque chose, je pouvais très bien l'insulter », confie-t-il. Une association d'aide sociale l'encourage à s'intéresser aux formations proposées par la RATP. Finalement, il entre au service des ressources humaines.

Les premières années se déroulent pour le mieux. Les collègues de Rachid louent sa capacité de travail et son sérieux. En parallèle de sa vie professionnelle, le jeune homme intensifie sa pratique de la foi et se met à prier sur son lieu de travail. « C'est un cheminement, dit-il. Vous vous intéressez aux choses, vous vous questionnez. Vous avez des fréquentations, vous écoutez. Vous lisez des choses, vous vous apercevez que c'est vrai... » En 2012, il se laisse pousser la barbe. Une collègue lui fait remarquer, sur le ton de la plaisanterie, qu'il ressemble à un terroriste...

Au fil du temps, Rachid constate que ses supérieurs lui donnent toujours plus de travail. Sans promotion. Il y voit un lien direct avec le port de la barbe. « Pourquoi je reste opérateur quand mes collègues qui faisaient le même travail étaient agents de maîtrise ? Pourquoi, avant de porter la barbe, on me faisait évoluer un minimum, on me donnait des primes, et après, plus rien ? », s'interroge-t-il. Les regards suspicieux n'arrêtent pourtant pas Rachid. « Pourquoi je devrais privilégier mon travail à mes obligations religieuses ? Mon travail, ce n'est pas ma priorité. Je suis d'abord soumis à mon Créateur. »

En 2013, Rachid se met à ne plus serrer la main des femmes. S'il refuse d'avoir un contact avec une femme, c'est pour ne pas « être tenté », dit-il. Question de « loyauté envers mon épouse »... Certaines collègues n'y trouvent rien à redire, d'autres se font soupçonneuses. Des hommes avec qui Rachid avait l'habitude de plaisanter ne lui disent plus bonjour. La direction est au courant du comportement de son agent, mais ne réagit pas. Pendant deux ans, aucune convocation, aucun rapport disciplinaire. « Personne ne s'est plaint de moi », constate Rachid.

Le 20 novembre 2015, soit une semaine après la tuerie du Bataclan, le responsable des ressources humaines le convoque. « J'ai appris que vous ne serriez pas la main des femmes », lui lâche-t-il. Rachid ne conteste pas, au contraire, il assume : « Ça fait même un moment ! » Son supérieur hiérarchique lui explique que son comportement constitue un acte discriminatoire. Rachid proteste. En vain. Chacun campe sur ses positions. Après cet entretien tendu, Rachid continue d'éviter de serrer la main des femmes. Certaines n'y trouvent rien à redire quand d'autres expriment leur exaspération. La situation se dégrade. Les rapports entre l'agent et ses supérieurs se résument désormais à des courriers recommandés. Pour sa défense, Rachid se fait épauler par Nordine Bennecer, le syndicaliste du SAT.

Un après-midi de mars 2016, l'épouse de Rachid l'appelle, affolée : « La police est venue chez nous. » Leur domicile a été perquisitionné dans le cadre de l'état d'urgence. Une dizaine de policiers cagoulés fouillent jusqu'au congélateur et soulèvent les dalles du balcon pour voir si quelque chose se cache en dessous.

Rachid enrage. Il décide de contester la légalité de la perquisition devant le tribunal administratif. Selon lui, aucun élément crédible ne laisse soupçonner qu'il représente une menace. Son avocat parvient à se procurer la note « blanche » (document policier sans en-tête ni signature), rédigée par les services de renseignement, qui liste les soupçons portés à l'encontre de son client. Nous avons pu la consulter. La plupart des informations ont été données à la police par la RATP : Rachid « refuse de serrer la main aux femmes, a un comportement agressif envers le personnel féminin, Rachid n'a pas respecté la minute de silence » en hommage aux victimes des attentats de janvier 2015, etc.

D'autre part, les agents du renseignement l'ont aussi aperçu qui discutait un soir, près de la gare du Nord, avec un islamiste belge surveillé et condamné à plusieurs reprises, notamment pour détention d'explosifs. Le salarié de la RATP assure qu'il était là pour participer à la distribution de repas d'une association caritative musulmane et qu'il a parlé à cet homme par le plus grand des hasards. « Comment je pourrais connaître son casier judiciaire ? », plaide-t-il. En conclusion de la note blanche, les agents du renseignement précisent que la femme de l'employé porte la *burqa*. Ils ont manifestement confondu avec le *jilbab*, tenue qui laisse entrevoir le visage.

Rachid, qui conteste le contenu du document, parvient à faire condamner l'État. Certes, il ne nie pas avoir une pratique rigoriste de l'islam, mais il assure ne pas représenter pour autant une menace à l'ordre public. Sa victoire a néanmoins un goût amer. Comment retourner travailler dans ces conditions ? « J'allais au travail tout en sachant que c'était la RATP qui m'avait dénoncé », raconte-t-il. Alors Rachid se met en arrêt maladie. Depuis 2017, il cherche un nouvel emploi… sans quitter son confortable canapé en cuir. Il envisage de partir à l'étranger : « Même si j'allais au Bangladesh, ce serait mieux. »

5.

La gynécologue

Huit années, déjà, qu'elle observe le phénomène.

Tout a changé si vite dans son secteur, la santé.

À 59 ans, Ghada Hatem est particulièrement bien placée pour décrire l'emprise religieuse en Seine-Saint-Denis. Elle est gynécologue, au chevet des femmes du département depuis 2016, date de création de la Maison des femmes de Saint-Denis, un îlot de féminité implanté au cœur de l'hôpital Delafontaine. Catholique et laïque, née au Liban, Ghada Hatem fuit les petits arrangements et les grandes croyances.

Mais, souvent, elle n'a pas le choix.

Son quotidien est parsemé de combats, menés par une personnalité clivante, grande gueule, décidée à nommer les choses.

Il est 10 heures, Ghada Hatem, nonchalamment posée sur sa chaise, accueille une nouvelle patiente. Ce matin-là, une femme née en France, non voilée, accompagnée de son compagnon pakistanais, réclame une réfection d'hymen. La routine, ici. Cette opération consiste en une intervention chirurgicale pour reconstituer la fine membrane située à l'entrée du vagin, de façon provisoire et sans trace visible. Cette opération permet de faire croire qu'une femme est encore vierge malgré un ou plusieurs rapports sexuels avant l'opération.

Ghada Hatem est la seule soignante de l'hôpital Delafontaine et l'une des rares du département à accepter de pratiquer ce genre d'intervention. « Pourquoi voulez-vous réaliser cette opération ? », demande la soignante. « C'est mon père. Il veut m'emmener voir un gynécologue au pays pour avoir la certitude que je suis vierge et me marier dans la foulée avec un homme qu'il a choisi là-bas », répond la femme. « Mais votre compagnon est ici. Êtes-vous obligée d'obéir ? », questionne Ghada Hatem d'un ton calme. La femme n'en démord pas : « Je ne peux pas désobéir. Je me marie pour être libre. » « Je ne crois pas ; c'est plutôt le début de la taule », lâche Ghada Hatem, avec son bagout habituel.

Parfois, pourtant, elle accepte ce type d'opération. À force de voir défiler la misère féminine et l'obscurantisme religieux, on baisse ses défenses. On tente de comprendre, en rusant sur les remboursements de soins. « Pour les réfections d'hymen, dit-elle, je les vends comme de la chirurgie plastique et je fais payer les patientes. Cela ne peut pas être pris en charge par la Sécurité sociale. Mais elles sont prêtes à tout. En général, elles arrivent ici après être passées en clinique où les tarifs sont prohibitifs. Ici, quand je dis que c'est un hôpital de jour à 750 euros, elles sont très contentes. On fait à prix coûtant. Moi, je pense que c'est complètement con. »

Il lui arrive aussi d'établir des certificats de virginité, même si le conseil de l'ordre des médecins le proscrit. « Je l'ai fait pour des gamines qui partaient au bled, où la belle-mère avait exigé un certificat avant de lui donner son fils. Mais, dans ces cas-là, je ne les examine pas. Quand je vois qu'elles sont aux abois et qu'évidemment elles ne sont pas vierges, alors j'aide. C'est dans l'intérêt de la patiente. Je ne sais pas si je fais bien ou mal, mais j'essaie… »

Ancienne cheffe de la maternité de l'hôpital Delafontaine, Ghada Hatem est connue pour son engagement pour l'émancipation des femmes. Arrivée dans le département en 2010 après huit ans à l'hôpital d'instruction des armées Begin de Saint-Mandé (Val-de-Marne) et une dizaine d'années à la maternité parisienne des Bluets (XIIe arrondissement), elle décrit sa découverte de la Seine-Saint-Denis comme un véritable « choc ».

« La burqa intégrale chez les gamines de 25 ans nées en France, c'est un peu difficile »

« Je me suis dit : “Où est-ce que je débarque ?” », se remémore-t-elle.

Ce qui la frappe d'emblée ? « L'affichage agressif de la religion, très visible à Saint-Denis, et l'absence totale de mixité sociale. » Ghada Hatem a fui la guerre du Liban à la fin de son adolescence pour faire ses études de médecine en France. « Déjà, à l'époque, je barrais ma religion de ma carte d'identité », rapporte cette laïcarde assumée. Ghada Hatem ne craint pas d'affronter les patients sur le terrain de la laïcité. « On ne cède rien. On n'aménage pas, parce que sinon, où est-ce qu'on s'arrêterait ? », s'exclame-t-elle. Pour les exigences les plus fréquentes comme celle d'être soignée par un médecin femme, sa réponse est toujours la même : aujourd'hui, aux urgences, c'est un homme, demain ce sera peut-être une femme, nous n'avons rien d'autre à vous proposer... Il faut se prémunir, à l'hôpital de Saint-Denis. Contre les vociférations des maris, les remontrances des belles-mères. « Dans cette maternité, on fait signer aux gens une charte de laïcité à l'entrée, avec dedans le fait de ne pas pouvoir choisir le sexe de son médecin. Quand le mari fait son malin, on lui montre la charte signée. Et là, parfois il se retourne vers sa femme : "Espèce de conne, pourquoi tu as signé ?" Je préfère répondre à des critères de compétence, d'humanité, de bientraitance qu'à des critères de genre », répond Ghada Hatem, pour justifier sa fermeté.

Elle est critiquée, bien sûr. Trop visible. Trop engagée – pour les femmes, la médecine pour tous, contre tout le reste, souvent. Mais elle sait de quoi elle parle, et ça fait la différence. « Ça fait sept ans que je bosse ici, je vois le nombre de voiles en consultation augmenter. De temps en temps, j'en discute avec mes patientes. Pourquoi vous portez un voile ? "Moi, docteur, c'est parce que c'est ma foi." Nous, on avait la foi et on n'avait pas le voile. C'est très surprenant... » Elle développe : « La burqa intégrale chez les gamines de 25 ans nées en France, c'est un peu difficile. Je pense à l'une d'entre elles qui n'était pas dans le vindicatif. Elle avait un voile. Je la suivais pour sa grossesse. Elle me disait : "Toi, tu es musulmane", car j'ai un nom arabe. Je lui dis : "Non, je suis catholique." Elle me répond : "Si tu avais été musulmane, j'aurais enlevé mon foulard." Et puis elle enlève sa culotte. Elle écarte les jambes et se met sur la table d'examen. J'ai eu du mal à ne pas pouffer de rire. Je ne sais plus où est le sexe, la pudeur… C'est fascinant. »

Des scènes comme celle-ci, elle en a plein la besace. Le 9-3 vous fait perdre vos repères, une sorte de tourbillon ethnique, social, religieux, dont on subit les remous, de plein fouet. Comme cette pratique, en vogue, des mariages religieux temporaires pour, enfin, avoir une relation sexuelle. « Depuis cette radicalisation absolue, toutes les choses qui légitiment des trucs méga pervers sont bons à prendre, s'insurge la gynécologue. Les gens vont vous dire : “Je suis religieux. Je fais que des choses en accord avec ma religion.” C'est une hypocrisie phénoménale. »

Elle en rit, elle en pleure. « J'ai également pas mal de patientes mariées religieusement. Elles ont un petit amoureux. “Viens, on va se marier religieusement. Maintenant, on peut coucher puisqu'on est mariés religieusement.” Trois semaines après, en fait elle n'a plus envie de se marier avec lui… Et la fille est au bout de sa vie. »

« Ma femme peut crever, mais au moins je suis en paix avec Dieu »

Ghada Hatem voit défiler dans son cabinet médical toute une frange de la population locale. Pas forcément représentative. Mais évidemment révélatrice d'une évolution. Elle constate ce changement, y compris parmi le personnel hospitalier. « Oui, il y a des super dérapages avec les petits chapeaux, genre foulards, bandanas, charlottes… Cela m'insupporte.

Quand la direction est très vigilante, les gens se font remettre à leur place, mais si personne ne dit rien, pourquoi on changerait ? J'ai vu arriver des étudiantes en burqa à l'hôpital. Elles tentent, sur un malentendu, ça peut passer ! La plupart du temps, je dis non. "Tu ne peux pas travailler comme ça." Le personnel médical, je suis plus légitime à leur dire non. »

À l'appui des déclarations de la gynécologue, nombre de ses collègues rencontrés pour les besoins de notre enquête nous ont révélé que les atteintes à la laïcité s'étaient aggravées du côté des soignants. Pourtant, la loi est claire. À l'hôpital public, les soignants doivent respecter un strict devoir de neutralité comme n'importe quel fonctionnaire. Ils sont tenus d'assurer le même service à l'égard de tous leurs patients, quelles que soient leurs opinions religieuses, et s'abstenir de les manifester. L'affaire la plus emblématique s'est déroulée en février 2014 à l'hôpital de Saint-Denis. Un interne égyptien en stage avait une très longue barbe, qui lui arrivait au milieu du ventre. Avant même le début de son stage, la direction de l'hôpital avait demandé à trois reprises à ce stagiaire, âgé de 35 ans, de couper cette barbe un peu trop imposante. « Sa barbe dépassait lors des interventions avec le Samu. Elle traînait par terre dans le sang », explique Stéphane Bonan, actuel chef du service gynécologie de l'hôpital de Saint-Denis. Mais le stagiaire a toujours refusé. Il a été suspendu et n'est plus revenu à l'hôpital. L'affaire aurait pu s'arrêter là mais avec le soutien de son établissement, l'université de Bobigny, le stagiaire a attaqué en justice l'hôpital en invoquant le respect de sa vie privée.

À l'université, le port de signes religieux n'est pas un souci. Pour montrer son opposition à cette fermeté, l'université a refusé d'adresser d'autres internes à l'hôpital pendant six mois. La cour d'appel a rendu sa décision le 19 décembre 2017 : le port d'une longue barbe ne respectait pas les obligations en matière de neutralité religieuse.

Cette histoire est loin d'être anecdotique. Des cas similaires ont également été observés au service gériatrie de l'hôpital Robert-Ballanger d'Aulnay-sous-Bois. Les chefs de service ont une nouvelle responsabilité : faire respecter la laïcité.

Une charte nationale de la laïcité a bien été diffusée en 2007, mais elle ne répond pas à tous les problèmes, selon Isabelle Lévy, formatrice en laïcité depuis vingt-deux ans. Pour elle, la situation est préoccupante. « J'ai quasiment doublé mon chiffre d'affaires en dix ans sans faire de pub ni de prospection », note-t-elle. Affichage de signes religieux, prières sur le lieu de travail, refus de faire certains actes (toilette funéraire, donner du porc à manger aux patients…), d'être sous l'autorité d'une supérieure femme, demande d'aménagement des horaires pendant le ramadan et d'un assouplissement des tâches, prosélytisme… Les atteintes sont multiples, selon Isabelle Lévy. À l'hôpital Robert-Ballanger, un groupe laïcité a été mis en place en 2016 pour trouver des solutions. « Sur 2 000 soignants, cinquante à cent portaient une charlotte ou un ruban large. C'était suffisamment présent pour que ça pose question », explique Claire Le Corre, membre de la direction de l'établissement. Pour Isabelle Lévy,

« les directeurs sont de plus en plus dépassés par la situation ».

Parfois, la religion complique le travail des soignants. À la clinique d'Aubervilliers, un administratif de nuit s'absentait pendant son temps de travail pour aller prier. Pendant quinze minutes, il n'était pas joignable. Pour faire face aux demandes parfois insistantes des patients, plusieurs établissements comme l'hôpital d'Aulnay-sous-Bois ou celui de Saint-Denis font signer leurs propres textes aux patients à leur arrivée. Cette charte explique les règles de l'hôpital, comme le fait de ne pas pouvoir choisir le sexe de son soignant ou l'interdiction de se couvrir le visage. Nous nous sommes procuré un document interne de l'hôpital d'Aulnay-sous-Bois, daté de mai 2016, on y découvre que la présence d'une femme en burqa, peu après les attentats contre *Charlie Hebdo*, a créé un vent de panique dans l'établissement, faisant fuir toute la salle d'attente. Il est vrai que l'atmosphère était alors à la psychose...

Le refus de se dévêtir est une demande de plus en plus récurrente de la part de certaines patientes, comme le révèle ce sondage interne et confidentiel, sur les atteintes la laïcité. Le docteur Dauphin, gynécologue à l'hôpital Robert-Ballanger, reste marqué par une de ses patientes. « Elle refusait d'enlever son voile qui lui cachait le cou. Je l'ai auscultée mais son voile cachait une énorme thyroïde. Si ça avait été un cancer de la thyroïde, je serai passé à côté », révèle-t-il. Pourtant, pour Isabelle Lévy, les règles à appliquer sont claires : « Je ne dis pas que tout est parfait dans la loi. Ce que je trouve désespérant, c'est qu'en ne l'appliquant pas, la situation ne fait que s'aggraver. »

Ghada Hatem se rappelle avoir dispensé un cours dans une faculté, où l'on prépare au diplôme d'assistante sociale : « Elles étaient toutes voilées. J'ai dit à la prof : "Je ne peux pas." Qu'est-ce que ça veut dire ? OK, elles étaient en cours et à la fac on peut s'habiller comme on veut. Mais qu'est-ce que ça veut dire de vouloir travailler dans le service public français en se sapant comme ça ? Quel est le message ? Cela me dérange énormément. »

L'obsession de la gynécologue, mère de trois enfants, c'est le futur. L'avenir de tant de petites filles, menacé à ses yeux par l'austérité d'une religion appliquée au plus strict. « L'autre problème pour les enfants, c'est le "voilement" des fillettes. Pour le développement, pour la motricité, les muscles, le squelette, ce n'est pas bon. Elles ne bougent pas. Elles ne sortent pas. Sans même parler de l'absence de vitamine D et le rachitisme... Les fillettes voilées, il y a dix ans, vingt ans, je n'en avais jamais vu. » Elle observe : « L'argument des conséquences sur la santé des enfants ne portera pas. Car les femmes sont des objets, dans ce cadre-là, on n'est pas dans le juridique. »

Comme ces cas de grossesses difficiles, lorsqu'une césarienne s'impose d'urgence. Ou un avortement. Comment composer avec le conjoint, rétif à tout argument médical, rationnel ? « Car c'est toujours le mari qui refuse dans des cas comme ça, révèle-t-elle. Genre : "Ma femme peut crever mais au moins je suis en paix avec Dieu" ! Bien sûr, on demande au mari d'aller voir son propre imam, on lui explique que la vie de sa femme est en jeu. Et on espère que l'imam autorisera sa femme à avorter... »

En six ans, Ghada Hatem n'a appelé qu'une seule fois la police, en raison des menaces d'un homme vindicatif qui voulait envoyer sa femme, sur le point d'accoucher, à l'ancien hôpital franco-musulman Avicenne de Bobigny. Raison invoquée : la sage-femme qui devait soigner son épouse était en fait un homme. « Il a appelé son cousin de la cité qui est arrivé à 2 heures du matin pour menacer les sages-femmes. Il expliquait qu'il allait ramener ses 4 000 amis de la cité d'à côté pour nous casser la gueule. » Pour protéger ses collègues et prévenir tout débordement, Ghada Hatem, habituellement imperturbable, a téléphoné à la police. Mais rapidement une solution a été trouvée. « Le sage-homme a fait une espèce d'artifice même si je n'étais pas d'accord. Il a dit que l'élève sage-femme allait faire l'accouchement et qu'il resterait à côté. » En réalité, c'est bien l'homme qui s'est chargé de l'intégralité de l'accouchement. Mais ce compromis a apaisé les tensions. Des anecdotes, elle pourrait en enfiler, en faire un *one-woman-show*, tant elle vit de situations complexes. Mais il faudrait avoir un peu de temps à soi. Réunions avec son équipe de soignants, consultations médicales, interviews dans les médias, colloque sur la laïcité, lobbying pour lever des fonds ou conférence auprès d'étudiantes infirmières... Ghada Hatem n'arrête jamais.

Et puis, elle s'inquiète. Sa maison des femmes a besoin de financements. Ce projet lui tient tant à cœur : venir en aide aux femmes victimes d'excision, de violences conjugales ou tout simplement en demande de conseils. Cette maison aux couleurs arc-en-ciel, loin d'être un simple lieu de soin, est également une oasis de vie accueillant des femmes majoritairement musulmanes. Près de 3 000 d'entre elles sont examinées chaque année par la vingtaine de praticiens (psychologues, gynécologues, chirurgiens, aides-soignantes, sexologues, conseillers conjugaux, juristes, assistantes sociales...). « Il y a énormément de voiles. Beaucoup plus que ce que j'en attendais », explique Violette Perotte, l'alliée de Ghada Hatem, chargée de gérer les partenariats, événements et autres levées de fonds, ainsi que l'administratif de la maison.

Ici plus qu'ailleurs, la montée des revendications religieuses est perceptible. « Une femme en hijab noir ne voulait pas me consulter car j'étais un homme. Il faut prendre en compte les convictions religieuses de ses patientes tout en essayant de les ouvrir sur autre chose. Si on est dans la confrontation, c'est que l'on n'a pas assez dialogué en amont », explique le sexologue Arnaud Sévène. « On a pas mal de femmes qui ont atterri aux urgences après des malaises à cause de la pratique du ramadan l'été en période de grossesse », note Mathilde Delespine, sage-femme et coordinatrice de la maison.

Pour les soignants, la tâche est difficile humainement. Comme l'explique Monique Veneri, membre du planning familial : « J'étais à temps complet ici mais je ne tiens plus. Les histoires sont plus dures ici qu'ailleurs. »

La maison des femmes, le projet de sa vie, n'a pas été simple à monter. Ghada Hatem a fait le tour des médias pour faire connaître son projet au point de susciter des critiques. « À cette époque, on ne savait plus qui on croisait dans les couloirs. Ghada recevait un journaliste par heure dans son bureau. Moi, mon activité c'est gynécologue. Je ne peux pas passer tout ce temps en dehors de mes consultations », tacle Stéphane Bonan, le chef du service gynécologie de l'hôpital Delafontaine.

Ghada Hatem a abattu toutes ses cartes. « Je suis championne du monde du réseautage maintenant, mais je vois des femmes en consultation tous les jours », explique-t-elle. Elle n'hésite pas à s'afficher avec des acteurs parfois clivants, comme le collectif militant laïque Printemps républicain lors de la journée Toujours Charlie, le 6 janvier 2018. « Je ne suis pas très engagée politiquement. C'était l'occasion de parler de mes convictions, mais je n'en suis pas membre. » Trois ans de lobbying auprès d'acteurs privés, de collectivités locales et de l'État ont été nécessaires pour construire cette maison et récolter un budget pour son fonctionnement (800 000 euros par an).

Et la place commence à manquer. Toutes les heures, les soignants cherchent des bureaux vides pour recevoir les femmes qui s'agglutinent dans la salle d'attente. Malgré les oppositions, Ghada Hatem continue à se battre. « Ghada sait nous entraîner dans son enthousiasme. Elle est très convaincante », raconte Mathilde Delespine. Pour son ex-directrice au CHU de Saint-Denis, Élisabeth Beau, Ghada Hatem est militante mais pas sectaire. « Je partage pleinement sa vision de la laïcité pour que les femmes, qui sont les premières victimes du sectarisme religieux, soient libres, dans leur tête et dans leur corps », assume-t-elle.

Ghada Hatem tient tête aux critiques. Au nom d'un idéal : la santé pour tous.

6.

Le lobbyiste

Il n'est pas bien grand, la chemise violette légèrement brillante et le costume un peu large, il déambule dans les allées avec un air de coq. L'homme serre des mains, fait la bise, lance des *salam aleikoum* et des *lèbès* – « ça va ? », en dialecte algérien – à tous les visages qu'il connaît. Il est chez lui. Les visiteurs se pressent pour avoir la chance de lui adresser un ou deux mots, lui présenter leurs jeunes enfants ou lui faire part d'une nouvelle idée pour la communauté. Ici, M'hammed Henniche, secrétaire général de l'Union des associations musulmanes du 93 (UAM93), est le boss, « le patron des musulmans du 9-3 », comme certains l'appellent. Patron, ou plutôt lobbyiste en chef ?

Nous avons tenté de reconstituer le parcours sinueux d'un homme qui assume « faire peur ». Parce qu'il sait ce qu'il pèse, d'un point de vue électoral.

Une certitude : en presque vingt ans, il a transformé une petite union d'associations musulmanes de blédards, issus de la première génération d'immigration maghrébine, en principal lobby musulman de Seine-Saint-Denis, alliant une logique électoraliste locale à certaines pratiques controversées, l'ensemble enrobé d'un langage cru. Le tout au service d'une stratégie directe : donner un poids politique aux musulmans.

Il est l'initiateur de rassemblements, copiés sur les salons organisés par les Musulmans de France (ex-UOIF), où défilent militants, avocats, humoristes mais surtout prédicateurs stars, comme le très rigoriste Nader Abou Anas, pour qui la femme « ne sort de chez elle que par la permission de son mari » et qui assimile la musique à des « sifflements sataniques ».

Depuis son arrivée d'Algérie dans les années 1990, pour obtenir un doctorat en informatique à Paris-13, M'hammed Henniche n'a qu'un objectif : créer une union d'associations indépendante, représentative des musulmans français et détachée des « tentacules » des consulats étrangers et des Frères musulmans, qu'il accuse d'avoir « tué l'islam de France ».

« Ils savent que je ne suis pas un mythomane, je peux leur faire peur »

Pour prendre le contre-pied des logiques géopolitiques, M'hammed Henniche décide de se concentrer sur son département. « Je voulais créer un islam de France sans les fédérations nationales étrangères que l'État veut nous imposer », explique-t-il, faisant référence au Conseil français du culte musulman (CFCM). Interlocuteur privilégié de l'État français sur tous les sujets liés à l'islam, cette instance est composée de représentants marocains, algériens, tunisiens et turcs mais aussi des Frères musulmans. « L'État baisse son pantalon devant les États étrangers et se fout complètement des musulmans français », résume abruptement

Henniche. Pour remédier à cette situation, il souhaite « créer les germes d'un islam local ».

En Seine-Saint-Denis, laboratoire idéal.

L'UAM93 n'existe pas encore officiellement quand arrivent les élections municipales de 2001. Henniche en fait rapidement la rampe de lancement de sa stratégie.

L'objectif de ce premier essai est clair : pousser les élus locaux à s'engager pour créer des lieux de culte dignes, à une époque où les musulmans du département prient pour la plupart dans des caves ou des petits pavillons, souvent bondés et insalubres. « En 2001, la question de la mosquée était un sujet électrique et risqué, se rappelle-t-il. Ce n'était pas dépassionné comme aujourd'hui. »

Henniche et les autres responsables d'associations contactent tous les leaders départementaux des grands partis et organisent une réunion avec chacun d'eux. « Les partis étaient organisés au niveau local comme nous, on avait le même schéma », se souvient Henniche. Contrairement aux élus nationaux, les responsables fédéraux connaissent le poids numéraire mais aussi potentiellement politique de la communauté musulmane du département. « Ils savent que je ne suis pas un mythomane, je peux leur faire peur », ajoute-t-il fièrement.

À partir de là, sa petite entreprise politique se met en route. Non sans remous. Car le secrétaire général s'exaspère vite, se montre fort susceptible lorsque l'on ose mettre sa stratégie en doute. Sa personnalité, autoritaire, lui jouera des tours. En 2002, juste avant le dépôt officiel des statuts de l'UAM93, Henniche est écarté du bureau par un groupe d'opposants.

« L'alliance des incompétents contre l'enfant prodige », glisse-t-il dans un rire.

Il reviendra en force dès 2004, comme secrétaire général, « bénévole », poste qu'il n'a jamais perdu depuis.

L'UAM93 et son secrétaire général sont devenus des acteurs incontournables des paysages religieux, politique et médiatique du département. « Le collectif a une crédibilité réelle, les politiques répondent à nos appels, on connaît tout le monde », fanfaronne Henniche. Au quotidien, l'union fonctionne comme un lobby. M'hammed Henniche, qui en est la tête et les jambes, intervient lui-même auprès d'élus locaux pour soutenir des associations en difficulté dans leurs négociations. C'est le cas par exemple d'une association musulmane de Romainville qui n'a pas reçu l'autorisation de la mairie pour ouvrir sa mosquée, fraîchement remise aux normes, au mois d'août 2018, pour l'Aïd. « On s'est impliqués, aux côtés de l'association, auprès de la mairie et de la préfecture pour permettre l'ouverture, c'est exactement ça, le cœur de notre travail », explique le secrétaire général de l'UAM93.

Ce dernier a une voix importante dans les médias locaux. Bon nombre d'articles sur la communauté musulmane publiés dans *Le Parisien* par exemple sont accompagnés d'une interview de M'hammed Henniche, ou d'un encadré sur l'UAM93. Roublard, Henniche a compris qu'il avait intérêt à s'attirer les faveurs des journalistes, surtout celles des plus jeunes. Il accueille ainsi tous les ans pendant une journée des étudiants en journalisme à la mosquée de Pantin pour les sensibiliser au fonctionnement du culte musulman, mais aussi aux revendications d'une partie de la communauté musulmane.

Quand les élections locales approchent, le travail de l'UAM93 prend une autre dimension : faire campagne pour les candidats qui leur semblent loyaux et écarter ceux qui n'ont pas tenu leurs promesses. Tout ça, sans aucune considération pour leur étiquette politique.

La preuve à Noisy-le-Sec, où l'UAM93 soutiendra deux formations politiques différentes en deux ans. Pour les élections municipales de 2008, l'union soutient officiellement la socialiste, Alda Pereira-Lemaître, contre la maire sortante de centre droit, Nicole Rivoire, élue en 2003. Avec succès puisque la candidate du PS l'emporte. Mais deux ans plus tard, en décembre 2010, lors de l'élection municipale partielle, l'union retourne sa veste et soutient le fils de Nicole Rivoire, Laurent Rivoire, de centre droit également, contribuant à l'élection de ce dernier – il a ensuite été réélu en 2014. « L'association locale nous disait qu'Alda ne décrochait plus le téléphone et ne voulait plus les recevoir », explique Henniche. Alors que Rivoire, lui, faisait les yeux doux aux musulmans noiséens et leur promettait une mosquée s'il était élu. Il n'en fallait pas plus à Henniche pour le choisir, sans scrupule. « Le travail électoraliste, on ne le fait pas à 100 % tout le temps ; on le fait seulement quand il y a un intérêt vital », tient-il à préciser.

Cette « guerre des mosquées » mérite d'être relatée en détail, tant elle illustre jusqu'à la caricature les dérives clientélistes à l'œuvre dans le département.

Président du groupe d'opposition socialiste, Jean-Paul Lefebvre est l'un des plus sévères contempteurs de ces dérives, dont il rend coresponsables le maire Laurent Rivoire et M'hammed Henniche. Il le fait avec des mots forts, durs. D'abord, un petit point sur le contexte, qui vaut pour sa ville comme pour une bonne partie de la Seine-Saint-Denis : « À Noisy, on en arrive à avoir des cités où il y a zéro mixité sociale, dit-il. Avec des populations qui sont majoritairement musulmanes. Vous ajoutez à cela la progression de l'islamisme radical qui pose des exigences de plus en plus fortes, à tel point que les "Français de souche", qui sont ultra-minoritaires, sont soumis à une pression sociale, du coup ils ont tendance à calquer leur mode de vie sur la majorité, voire à se convertir. Les convertis viennent de là, la plupart du temps. Ceux qui sont partis faire le djihad aussi, ils viennent de ces cités. Parce qu'il faut se fondre dans la masse. »

Élu depuis vingt-cinq ans, Jean-Paul Lefebvre sait tout des petites manœuvres et grosses combines municipales, personne n'y a échappé. « Au bout d'un certain temps, affirme-t-il, les élus locaux ont perdu le contrôle de leur ville. Il leur fallait des médiateurs, c'est-à-dire les religieux autoproclamés, qui se présentent comme les interlocuteurs des élus. Pour conserver la mairie, les élus "dealent" avec eux, clairement. Et, devant la montée de l'islamisme, ils posent des exigences religieuses à l'égard des services publics. »

« Élargir ta base électorale en faisant un bon clientélisme »

À Noisy-le-Sec, compliqué pour un maire de droite, et même du centre, de se faire élire et réélire en ne comptant que sur les voix de droite. Il faut ruser, séduire. Le *modus operandi*, selon Lefebvre, se résumerait ainsi : « Élargir ta base électorale en faisant un bon clientélisme avec des communautés que tu vas aller chercher. »

Tout s'est passé comme cela avec Rivoire, à en croire l'élu socialiste : « Il est d'abord allé chercher les Kabyles, il les a agrégés à lui en leur promettant ce qu'il faut pour eux et leurs familles s'il était élu. Ce qu'il a fait : il a mis la pression nécessaire pour qu'ils aient les embauches à la mairie, les logements, etc. Et donc il en a pris deux ou trois dans son équipe municipale. Et il est allé au-delà. Il s'est dit : "Il faut que j'agrège la communauté musulmane de façon plus forte..." »

Comment faire ? En donnant aux musulmans de la ville un lieu de culte décent. L'équipe municipale, dont faisaient alors partie les socialistes, avait eu le temps, en deux ans et demi – ils ne s'étaient pas pressés –, d'identifier un terrain libre. Selon Lefebvre, « Rivoire s'est dit : "Je vais utiliser ce sujet de terrain pour la mosquée, et avec cette carotte je vais les faire venir à moi" ».

Seul souci, quand on met le doigt dans l'engrenage, il faut en maîtriser les rouages. Pas certain que Laurent Rivoire ait bien su où il mettait les pieds. « Je ne fais pas de clientélisme ni de communautarisme. Je me suis engagé pour un lieu de culte digne de ce nom », s'insurge le maire.

À Noisy-le-Sec, il existe une association musulmane, Aman, gérée par des habitants d'origine ou de nationalité marocaine depuis vingt ans. Riche. Dotée d'un beau patrimoine immobilier. Et pas franchement à droite. « Rivoire s'est dit qu'il allait obliger l'association Aman à rentrer dans le jeu, décrypte Lefebvre. Il a donc créé en 2012 une association qui s'appelle la

Fédération musulmane de Noisy-le-Sec. Et qui est-il allé chercher pour ça ? Monsieur Henniche qui est le secrétaire général autoproclamé d'une association qui n'a aucune existence autre que sur le papier et Internet. Et ce monsieur Henniche lui a promis d'arranger le problème et de mettre tout le monde dans une fédération comme il l'avait déjà fait ailleurs. Et comme ça, ils seront tous à ta main et te baiseront les pieds pour le terrain et la mosquée. »

« Le maire a mené en bateau la communauté musulmane, accuse Lefebvre. En fait, la mosquée, il voulait la donner à Henniche, qui contrôle la fédération. »

Pourtant, les dirigeants d'Aman portent déjà depuis quelques années un projet de mosquée solide. Fait assez rare dans le 9-3 pour être souligné : l'association a acquis son propre terrain et dispose de fonds suffisants pour commencer la construction dès réception d'un permis de construire. Malgré cela, les dirigeants assurent qu'à partir de 2012 et l'alliance entre Henniche et Rivoire, la mairie s'est efforcée de leur mettre des bâtons dans les roues. « Ces accusations sont stupides. J'ai été le premier à dire que je voulais une mosquée à Noisy ! », rétorque Laurent Rivoire.

Mais les faits sont là : à trois reprises, les permis de construire déposés par Aman sont refusés par la municipalité.

« Une mosquée, c'est trois mandats »

En 2010, avant la municipale partielle, lors d'un tête-à-tête avec M'hammed Henniche, Laurent Rivoire promet la construction d'une mosquée dans la ville après s'être assuré que ce dernier n'appellerait pas à soutenir la gauche. « Il s'est engagé publiquement lors d'une réunion dans un local, se rappelle Henniche. Donc en 2010 et en 2014, on a appelé à voter pour Rivoire. » « L'UAM a choisi Laurent Rivoire », conclut froidement Henniche, qui assume parfaitement son rôle de faiseur de roi.

Mais Aman refuse de se soumettre aux désirs du maire et de son allié et ne rejoint pas la fédération.

L'association ne croit pas dans la compétence de cette nouvelle fédération : « Ce sont dix associations dont je n'avais jamais entendu parler avant », dit le président d'Aman, Mohamed Azahaf, qui pointe du doigt la personnalité de M'hammed Henniche : « Monsieur le Maire a décidé de choisir de manière unilatérale cette personne comme interlocuteur privilégié [...] alors que les Noiséens de confession musulmane ne le connaissent pas ! »

Pourquoi donc Laurent Rivoire a-t-il préféré faire confiance à une jeune association qui mettra plusieurs années à récolter les fonds nécessaires pour lancer la construction d'une mosquée ? « Que ce soit Aman ou la Fédération, je n'ai aucun préjugé, assure l'édile. Je ferai avec le meilleur projet, je ne favorise personne. »

Pour Anouar Dekaki, secrétaire général d'Aman, Laurent Rivoire veut « une mosquée qui appartient au maire, où les dirigeants de la mosquée louent ses bénédictions et lui garantissent une pérennité électorale ».

L'argument semble tenir la route, d'ailleurs, Henniche ne s'en cache pas. Il rapporte avec gourmandise ce que lui a expliqué un maire du 9-3 : « Une mosquée, c'est trois mandats. Un mandat pour la concertation avec tous les partenaires, un mandat pour trouver le terrain, alors qu'il est sous tes yeux, et un mandat pour construire la mosquée ; à ce moment-là, le maire peut dormir tranquille car les musulmans doivent trouver l'argent », résume Henniche dans un grand rire.

Mais l'amateurisme de ses équipes, couplé à l'acharnement de l'opposition municipale contre la Fédération musulmane de Noisy-le-Sec, va largement compliquer la tâche de Laurent Rivoire. Sur plainte du groupe d'opposition socialiste, nombre de conventions et de décisions du conseil municipal concernant le projet de mosquée sont retoquées par le tribunal administratif. Comme la décision d'achat du terrain par la mairie prise lors d'un conseil municipal, à huis clos, en février 2016, qui sera annulée. « Je ne veux pas qu'il puisse jouer la carte du maire qui a donné un terrain pour la mosquée aux prochaines élections », explique Jean-Paul Lefebvre, qui assume pleinement son opération sabotage.

« C'est un maire faible »

« Il faut reconnaître que le maire et son équipe ne sont pas compétents », renchérit même M'hammed Henniche, qui doute aujourd'hui de son alliance. « Il n'a pas toutes les cartes en main, l'opposition est très forte », souffle-t-il.

Laurent Rivoire est contraint de changer de stratégie s'il veut être sûr de récolter les lauriers de la construction de la mosquée. Il accède donc à la requête d'Aman, qui souhaite mettre en place un appel à projets. En octobre 2016, il enjoint toute association cultuelle intéressée par la construction et la gestion d'une mosquée à

Noisy-le-Sec à se faire connaître. Sans grande surprise, seuls deux protagonistes présentent un dossier : Aman et la Fédération musulmane de Noisy-le-Sec. Pour M'hammed Henniche, cette initiative du maire est une preuve de son manque de poigne. « C'est un maire faible, il essaie d'amadouer Azahaf et de faire baisser la tension », analyse l'allié déçu de Laurent Rivoire.

Depuis, le groupe de travail continue à avancer sur l'évaluation des projets concurrents de mosquées. Laurent Rivoire juge que la lenteur du processus ne lui est pas imputable : « C'est monsieur Lefebvre qui ne veut pas de mosquée à Noisy-le-Sec », déplore-t-il, pointant l'acharnement de son opposant contre le projet de la Fédération. Et il rejette en bloc les certitudes de Henniche, quant à son rôle décisif dans son élection : « Je n'ai pas le souvenir d'avoir eu le soutien de M. Henniche »...

Mémoire courte ?

Personnage central du psychodrame noiséen, M'hammed Henniche se rêve tout aussi incontournable sur l'ensemble du département. D'après lui, l'UAM93 compterait aujourd'hui une trentaine d'associations membres, réparties dans quinze villes du 9-3, auxquelles elle souhaite donner des outils pour peser sur la vie politique municipale. « Nous, on n'est ni à droite ni à gauche. On est une boîte à idées au service des associations locales », soutient Henniche. Dans les faits, en tout cas, c'est toujours lui qui publie les communiqués, décroche le téléphone ou se déplace pour négocier avec les élus.

Cette volonté de tout contrôler fait dire à certains que l'UAM93 ne serait qu'un business juteux pour M'hammed Henniche. « Tout ça, c'est une économie souterraine », croit savoir Jean-Paul Lefebvre, persuadé que les associations locales rémunèrent Henniche pour ses services. « Il n'a pas d'activité professionnelle, il vit de quoi ? » lance le socialiste noiséen. « Il utilise l'islam », déclare Gérard Ségura, ancien maire socialiste d'Aulnay-sous-Bois. Selon eux, si M'hammed Henniche travaille seul, c'est aussi parce qu'il ne représente personne. « L'UAM93 est une coquille vide, il se donne un rôle beaucoup trop important », selon Gérard Ségura. Après plusieurs demandes et relances, M'hammed Henniche ne nous a, de fait, jamais communiqué la liste complète des associations membres de l'UAM93. « Nous ne sommes pas dans une démarche comptable stricte », dit-il en maniant la litote. On le pousse à nous donner des chiffres. Il se hasarde, mais on sent qu'il jette tout cela sur la table, sans s'embarrasser de détails. Le fonds de roulement de l'union ? Entre 5 000 et 10 000 euros, sur le compte en banque de l'association. L'argent proviendrait des mosquées (500 euros annuels) et des écoles (250 euros par an). Tout cela dans une opacité absolue, semble-t-il.

D'autres indices auraient alerté ses détracteurs, notamment les liens étroits entre l'UAM93 et Halal Vérif, nouveau cachet dans le domaine de la certification halal. Celle-ci nécessite d'être adossée à une instance religieuse afin de légitimer son action de surveillance. Pour lancer son business, le fondateur de Halal Vérif, Jamal Souna, un proche de Henniche, a donc bénéficié du soutien officiel de l'UAM93, dont les activités se rapprochent pourtant plus d'un lobby politique que d'une autorité religieuse. « L'UAM93 vérifie que ce que Halal Vérif fait est bien conforme à l'éthique de l'islam », explique vaguement Henniche. Qui reconnaît après plusieurs relances percevoir un salaire de l'entreprise, dont il serait cogérant, en complément de ses rémunérations de formateur en informatique. Le sujet financier le met mal à l'aise, c'est certain.

La relation repose sur une logique de donnant-donnant, admet-il en tout cas. M'hammed Henniche occupe un bureau mis à sa disposition par l'entreprise dans une tour grisâtre face au centre commercial Rosny 2, à la sortie du RER E. Mais, surtout, Halal Vérif reverserait tous les ans au moins 5 % de son chiffre d'affaires à l'UAM93. « Ils font des dons financiers et des dons en nature, explique Henniche. Ils nous donnent aussi de la viande gratuite pour certains de nos événements. » Alors que le cœur des activités de Halal Vérif est la certification, et non pas la boucherie...

Plus étrange encore, Jamal Souna semble lui-même ne pas avoir connaissance de cet accord financier ! Interrogé sur l'existence de liens entre son entreprise et l'UAM93, il indique que l'union avait apposé son logo sur la certification par le passé, mais que ce n'est plus le cas aujourd'hui, tout en précisant qu'il n'y a jamais eu aucun accord financier ni transfert d'argent. Pourtant, Henniche nous a bien assuré que les dons de Halal Vérif permettaient aux associations membres de l'UAM93 de financer en partie leurs projets.

« On a eu un débat sur le mariage gay, la polygamie peut donc être un débat »

Les dons de Halal Vérif ne sont pas la seule source de revenus pensée par Henniche pour les membres de sa fédération. Sur le site de l'UAM93, on trouve des encarts publicitaires pour des voyages religieux organisés par les associations. À chaque voyageur enrôlé, l'association touche une commission versée par l'agence de voyages partenaire : 300 euros pour une *omra* (petit pèlerinage à La Mecque), 800 euros pour un *hadj* (grand pèlerinage à La Mecque pendant le mois de ramadan), selon les chiffres de Henniche. « L'association récupère l'argent pour l'achat d'un local pour une mosquée, ou pour avoir des fonds pour une construction, explique Henniche. Pas pour acheter un pavillon au bled ou partir aux Bahamas ! »

Autre zone d'ombre entourant les activités d'Henniche, la communication de l'UAM93, qu'il prend également entièrement en charge. Le 26 avril 2014, le site de l'UAM93 relaie un article qui défend l'idée d'un débat sur la possibilité pour les hommes d'avoir le droit d'épouser plusieurs femmes. « On a eu un débat sur le mariage gay, la polygamie peut donc être un débat » réplique sans se démonter M'hammed Henniche. Il peste : « Quand on demande aux musulmans d'accepter qu'on insulte notre Prophète, c'est malhonnête de ne pas nous laisser publier ça. » Selon lui, cet article aurait même été écrit dans l'« esprit Charlie ». Réel soutien idéologique ou simple provocation ? « Ce Monsieur Henniche est un salafiste quiétiste. Et bien identifié », accuse Jean-Paul Lefebvre.

Pour le secrétaire général de l'union, il faut donner de la place à tout et à tout le monde dans le débat, quitte à laisser la parole à des personnages controversés. C'est le cas de Nader Abou Anas, prédicateur phare de son Forum annuel des musulmans de France à Montreuil venu le 24 mars 2018 faire l'éloge de la « pudeur », valeur cardinale d'un islam conservateur. Cette star de YouTube s'est fait connaître pour ses prêches d'inspiration salafiste. Ce qui n'empêche pas M'hammed Henniche de le défendre. « À une époque, on pouvait dire tout et n'importe quoi, sur YouTube, on ne contrôlait pas son image », tente-t-il de minimiser.

Plutôt que de condamner les propos, M'hammed Henniche préfère les relativiser. « Quand on est en campagne, on cherche à faire des dérapages qui choquent mais une fois qu'on arrive au pouvoir, on ne fait pas ce qu'on dit », explique-t-il pour justifier certaines paroles du prédicateur. « Maintenant, les mosquées s'arrachent ces gens-là plutôt que les leaders de l'UOIF », conclut-il.

À travers son nouveau rassemblement à Montreuil, M'hammed Henniche souhaite satisfaire les besoins de la communauté pour faire encore grandir l'influence de l'union. « Il y a une demande, les familles musulmanes ont besoin de sortir, de se rencontrer, de découvrir la communauté » affirme-t-il. Mais sa priorité reste d'ordre politique : « Avant on était des prêcheurs, maintenant on est passés à la responsabilité. La plupart des associations de l'UAM93 sont à la tête de gros projets de mosquées, d'écoles, de collèges ou de lycées qui auront pignon sur rue. »

Une force de négociation potentielle qu'il ne laissera pas passer. « La mission de l'UAM93 est de mettre ses projets sur les rails pour qu'ils aboutissent et pour montrer que les musulmans de France sont capables de travailler en harmonie », conclut-il, persuadé d'avoir trouvé la solution pour que la communauté musulmane dispose enfin du poids important dont il souhaite la doter. Il espère pouvoir bientôt fusionner avec d'autres unions d'associations musulmanes installées dans les autres départements franciliens, et créer ainsi une force régionale. « Et, à terme, nationale », ajoute-t-il sans surprise. Une stratégie assumée de conquête de pouvoir.

Et d'influence. Politique comme religieuse.

7.

Le père

Tous les matins, quand il sort de chez lui, à Sevran, Thierry Roy, belle carrure d'origine haïtienne, ne peut s'empêcher de le regarder. Il s'étend là, juste devant ses yeux, sans aucune gêne, de l'autre côté de la rue. Entouré d'un simple grillage de jardin, ce grand terrain vague, totem de son combat quotidien, donne l'impression d'avoir été laissé à l'abandon. Depuis bientôt trois ans, avec sa femme Véronique, il redoute la pose de la première pierre : ils ne veulent pas d'une mosquée en face de chez eux.

Ce serait trop dur.

Trop dur de faire face au symbole de la conversion de leur fils Quentin. Quentin avait 23 ans quand il est mort en Syrie après s'être converti à l'islam et avoir fréquenté la mosquée des Radars de Sevran, surnommée la « mosquée Daesh ». Son fantôme est là, il rôde, dans leur coquet pavillon comme dans les esprits de parents toujours effondrés par le deuil. Une photo de Quentin, concentré, jonglant de la tête avec un ballon de foot, trône dans le salon.

Il a le sourire aux lèvres et les yeux vers le ciel.

En janvier 2016, les parents de Quentin reçoivent un message WhatsApp leur annonçant la mort de leur fils « combattant les ennemis d'Allah ». Depuis, ils cherchent à comprendre qui est responsable. À leurs yeux, l'ex-maire écologiste, Stéphane Gatignon, remplit peu à peu le costume du coupable. Ils lui reprochent sa froideur, son inaction contre la radicalisation de la jeunesse, mais surtout ses pratiques qu'ils qualifient de clientélistes et qui auraient changé le visage de Sevran.

Thierry Roy a endossé le rôle du combattant du quotidien, laissant à sa compagne la lutte sur le terrain médiatique.

Le couple n'a pas supporté que le maire mette Quentin dans le même sac que tous les autres, qu'il le qualifie de terroriste. « Quentin était en quête de quelque chose de fort, explique Véronique Roy, une femme souriante, à la coupe courte et aux mèches blondes. Mais, pour nous, Quentin n'est pas un terroriste. » Pour le maire, qui dit comprendre le drame et la souffrance vécus par le couple, leur véhémence à son encontre ne changera rien. « Ils m'en ont voulu parce que j'ai dit que je n'avais pas de compassion pour leur fils qui était un terroriste, réagit Stéphane Gatignon. Je maintiens. »

Cette froideur qu'ils vivent comme un affront n'est pas la seule pomme de discorde entre le couple et l'élu. Pourquoi ne les a-t-il pas prévenus des mauvaises fréquentations de leur fils, notamment de la dangerosité d'un certain Ilyes B., fiché S et incarcéré depuis novembre 2015 pour « association de malfaiteurs en relation avec une entreprise terroriste » et « financement du terrorisme » ? C'est lui qui a conduit Quentin à l'aéroport, ce funeste 22 septembre 2014, lui offrant un aller simple pour la mort. « Gatignon connaissait très bien Ilyes, juge Véronique Roy. Il a perdu son poste de CPE au collège Brassens après avoir laissé des jeunes prier dans l'enceinte du collège ! » Face à l'évolution de plus en plus rigoriste de la pratique de Quentin, le couple était en effet allé chercher conseil auprès du maire.

Dans leurs souvenirs, sa réponse avait eu le goût de l'indifférence : « Ça va lui passer… »

« Les maires ne sont pas responsables de la lutte contre le terrorisme et l'islam radical »

« Si j'ai un de mes enfants qui se met à déconner et à partir en vrille, ce n'est pas la faute d'un élu quel qu'il soit, c'est d'abord de ma faute ! » se défend Stéphane Gatignon, qui ne comprend pas les accusations des parents de Quentin, qu'il considère comme excessives par rapport aux moyens qui lui étaient donnés. « Je ne suis pas flic, je ne suis pas enseignant, je ne suis pas psychologue », martèle-t-il.

Mais Véronique et Thierry Roy l'attaquent également sur son rôle de maire. Ils ne comprennent pas que la lutte contre la radicalisation ne soit pas devenue une priorité de la municipalité alors que quatorze jeunes Sevranais – sur une population de 51 000 habitants – sont partis combattre en Syrie. « C'est un élu de l'opposition qui nous a aidés à obliger Stéphane Gatignon à mettre le numéro vert Stop Djihadisme sur le site de la mairie », raconte Véronique Roy. Le couple se désole de ne même pas connaître les autres familles sevranaises qui ont aussi perdu leurs enfants. « Il n'y a pas de cellule d'aide à Sevran, Gatignon ne fait rien », confiait Véronique au début de l'année 2018.

Encore moins depuis qu'il a démissionné de son mandat, en mars 2018, las, disait-il, de devoir déplacer des montagnes, usé par le combat quotidien.

« On a fait le boulot de A à Z », conteste en tout cas le désormais ex-maire de Sevran, qui dit avoir suivi toutes les consignes des services de l'État et relayé les politiques de prévention, comme les autres édiles du pays. Il ajoute que « ce ne sont pas les maires qui sont responsables de la lutte contre le terrorisme et l'islam radical », tout en expliquant avoir été « au-delà de son simple rôle », en faisant notamment fermer la « mosquée Daesh » en mars 2016.

Mais ces arguments ne suffisent plus au couple Roy.

Véronique Roy se démultiplie, témoigne à toutes les occasions qu'on lui présente. Elle a publié un livre, *Quentin, qu'ont-ils fait de toi ?* (Robert Laffont, 2017), pour raconter l'histoire de son fils – le « drame de sa vie » –, l'islam qu'elle a accepté à bras ouverts chez elle et qui, selon elle, l'a trahie. « L'islam m'a volé mon enfant » dit-elle sans ciller. Thierry, lui, reste plus discret. Son combat, son deuil, il le fait à deux pas de chez lui. Même s'il n'existe *a priori* aucun lien entre l'association en charge du projet de mosquée de la rue Gabriel-Péri et le départ de Quentin, son objectif est clair : mettre fin à ce qui le nargue tous les matins.

Pour Thierry Roy, le seul fait que le projet ait été soutenu par l'ex-maire en fait l'étendard d'une politique clientéliste assumée qu'il ne supporte plus.

En novembre 2017, Thierry Roy crée l'association de riverains Mieux vivre à Sevran pour rassembler les voix des opposants à la mosquée qui doit s'installer sous leurs fenêtres. Il gagne également le soutien de certains élus locaux d'opposition mais aussi, tient-il à préciser, de Sevranais de confession musulmane. Toutes les forces sont à prendre pour mettre au tapis le projet du maire. Car ce chantier est titanesque : une mosquée avec deux salles de prière, un centre culturel mais aussi un pôle économique, censé accueillir des commerces communautaires afin de compenser le coût de la construction. Les chiffres sont éloquents : une surface totale de plus de 5 000 mètres carrés dont une première salle de prière qui s'étendra sur 1 000 mètres carrés. « Est-ce que Sevran a besoin d'une mosquée de 500 âmes alors qu'il y en a deux immenses à Villepinte et Aulnay ? » se demande Véronique Roy.

Un document de la direction de l'urbanisme de la ville, publié en avril 2008, indique que le terrain a été cédé en 2007 pour 575 000 euros à l'Association cultuelle musulmane sevranaise (ACMS) après que la mairie a concédé des « efforts » en ne demandant qu'un euro symbolique pour une partie du terrain – 1 500 mètres carrés – dédiée au centre culturel. La succession de chiffres astronomiques ne s'arrête pas là : la direction de l'urbanisme estime le coût total du projet à 4 millions d'euros. « Comment la mairie peut-elle vendre un terrain à une association qui n'a pas les moyens de son ambition ? » s'exclame Thierry Roy.

« J'ai voulu que la mosquée soit visible, parce que, quand c'est caché, c'est le bordel »

« C'est un des rares projets en Île-de-France où le terrain a été vendu par la ville », répond fièrement Stéphane Gatignon, contrairement à la pratique des baux emphytéotiques largement répandue dans le département, qui permet aux villes de mettre à disposition un terrain sur une durée maximale de quatre-vingt-dix-neuf ans pour seulement un euro symbolique. « Pour ne pas être montrée du doigt », la sienne a vendu le terrain à l'ACMS aux mêmes conditions qu'à n'importe quelle autre association, au prix des domaines. « Ce qui les a d'ailleurs flingués pour les travaux », concède-t-il. L'ex-maire assume également le gigantisme apparent du projet. « J'ai voulu que la mosquée soit visible, parce que quand c'est caché, c'est le bordel », explique-t-il, faisant référence aux mosquées dans les caves ou aux rez-de-chaussée des immeubles.

Dans l'accord signé entre la mairie et l'ACMS, en 2007, la ville s'engageait à « apporter son concours à la réalisation d'un lieu de culte ». Selon le couple Roy, Stéphane Gatignon a respecté cet engagement, quitte à jouer avec la loi.

En 2009, un permis de construire est déposé par l'ACMS. Une demande de prorogation est émise trois ans plus tard. Thierry Roy, bien décidé à mettre le maire en difficulté, fait appel en 2017 à un huissier qui conclut que le terrain en face du pavillon du couple est « en friche » et qu'« aucun début de construction, aucun début de terrassement, ni engin de chantier » ne peut être observé. Selon les conclusions de l'huissier, il était donc illégal pour les services du maire d'acter la prorogation du permis de construire. Dans un courrier adressé à l'élu, signé par Thierry Roy et son association de riverains, ces derniers lui enjoignent de demander immédiatement l'arrêt de toute activité de construction et un rétablissement du terrain dans son état antérieur.

La lettre est restée sans réponse.

L'ex-maire balaye ces accusations. « Si la réglementation n'avait pas été respectée, le tribunal administratif aurait fait sauter le truc », lâche-t-il. Il admet cependant que le permis de construire pourrait être bientôt annulé puisque, selon lui, les travaux n'ont pas avancé depuis 2012.

La situation n'a cessé de se dégrader depuis. Les bâches promotionnelles accrochées au grillage vert, autrefois neuves, ont été à moitié arrachées et l'encre rouge et bleue a été effacée par les intempéries. On déchiffre difficilement l'injonction en lettres incurvées, « Soyons solidaires, construisons ensemble le centre islamique de Sevran », inscrite en dessous d'une copie grand format du RIB de l'ACMS. On devine un peu plus bas une esquisse du futur centre islamique montrant un dôme en verre, un minaret et des bâtiments verts et blancs.

Thierry Roy finira peut-être par gagner son combat contre ce projet de mosquée. En mai 2018, le préfet a exigé du nouveau maire de Sevran, Stéphane Blanchet, qu'il justifie le non-respect des réglementations sur les autorisations de travaux.

Certains pourraient considérer que Thierry Roy noie son chagrin dans de la paperasse administrative.

Lui se voit plutôt comme un défenseur de sa ville contre un politicien aux pratiques clientélistes, dont le projet de mosquée ne serait pas l'unique témoignage.

Proche de la gare RER Sevran-Livry, à quelques minutes en voiture de la mairie, l'école El-Dirrayah a ouvert peu après les élections municipales de mars 2014. Tous les matins, à 8 heures, une petite centaine d'enfants débarquent des voitures familiales conduites par des mères en jilbab noir et des pères barbus en kamis et AirMax dernier cri. Les filles, de 6 à 12 ans, portent le voile ou le jilbab comme leurs mamans. Certains garçons arborent le *kufi*, un chapeau brodé, parfois porté par les fidèles musulmans pour la prière. Le directeur de l'école, Hamid Boudjemai, assure que rien n'avait été négocié avec le maire de Sevran. Il jure ne pas avoir obtenu ce terrain en contrepartie d'un soutien électoral en faveur de Gatignon, contrairement à ce que pensent ses détracteurs.

Parmi eux, Mohammed Chirani, enfant de la ville et candidat divers droite à la mairie de Sevran en 2014. « C'est du clientélisme communautaire municipal », lance-t-il durement. « Le plus grave, c'est qu'il a donné un terrain à cette association salafiste dans le quartier de Rougemont », ajoute Chirani, en évoquant l'Association pour la connaissance et le savoir (APCS) qui gère l'école El-Dirrayah.

Un document signé par le maire le 10 mars 2014, donc juste avant le premier tour des élections municipales du 22 mars, permet de mieux comprendre la situation. La décision du maire fait état d'une « mise à disposition » d'un terrain de 2 000 mètres carrés moyennant une redevance annuelle de 3 600 euros (soit 300 euros par mois). Il y est également précisé que cette mise à disposition se fait dans le but de la « création d'un établissement scolaire musulman privé ». La mairie s'engage à signer un contrat d'occupation longue durée lorsque l'école sera sous contrat avec l'Éducation nationale. Pour l'obtenir, elle lui donne un délai de neuf ans.

Quand on souligne la concordance des dates, l'ancien maire de Sevran explose. « Ça n'a rien à voir, s'exclame-t-il. La signature s'est faite juste avant les élections mais le processus avait commencé un an et demi avant ! » Le cas de l'école El-Dirrayah n'est pas un exemple de clientélisme selon lui, mais plutôt une preuve de son combat contre les écoles clandestines qui se développaient dans certains quartiers. Gatignon en est convaincu : autoriser l'école El-Dirrayah à s'installer sur un terrain appartenant à la mairie, à la condition que ses dirigeants fassent toutes les démarches nécessaires auprès de l'Éducation nationale, a permis aux autorités de reprendre le dessus. « Je préfère que les choses se fassent au vu et au su de tous, comme ça, tout le monde peut contrôler ce qu'il se passe », explique-t-il, reprenant l'argument invoqué s'agissant du projet de mosquée.

Stéphane Gatignon raconte que, pendant dix ans, les relations entre la mairie et l'APCS n'étaient pas au beau fixe. Jusqu'à ce jour de 2011 où il décide de briser la glace et de convoquer Hamid Boudjemai pour trouver une solution. « Ça ne pouvait plus durer, 70 à 80 mômes étaient scolarisés dans des appartements à Sevran », se rappelle-t-il. Les négociations, « complexes » dans ses souvenirs, aboutissent quelques semaines avant les élections de 2014. Une coïncidence pour l'ancien édile, qui regrette du coup le timing, prêtant à interprétation, évidemment. « J'aurais aimé que ça se passe bien avant les élections », soupire-t-il.

« La fleuriste va bientôt arrêter parce que les salafistes n'achètent pas de fleurs »

« Pour gérer les quartiers, Stéphane Gatignon s'associe beaucoup avec des associations qui ont une influence religieuse », analyse de son côté Mohammed Chirani. Le problème selon Chirani, outre la démarche jugée « clientéliste », c'est que le choix de Gatignon se soit porté sur une association dans une « logique de rupture » avec les valeurs républicaines.

Pour le couple Roy, cette logique de rupture imprègne profondément tout le tissu social sevranais. « Il n'y a plus de mixité sociale », soupire Véronique Roy, qui a jeté son dévolu sur Sevran en 1991 pour sa diversité, ses espaces verts, son accessibilité grâce à ses deux stations de RER. Elle considère la mixité sociale comme un rempart essentiel au développement des logiques communautaristes. « On était jeunes mariés, pour nous, c'était la ville rêvée pour un petit budget de famille avec enfants », se souvient-elle dans un sourire. Mais tout a changé, vite, très vite, surtout depuis trois, quatre ans. Au moment où Quentin s'est radicalisé, fait-elle d'ailleurs remarquer.

Thierry Roy tient à prouver ce que le couple avance. Après quelques minutes de trajet, la voiture familiale arrive sur le rond-point du centre-ville. Le père de famille désigne les enseignes, majoritairement de la restauration rapide halal. Chaque devanture a une histoire que Thierry Roy connaît bien : qui est le propriétaire, quelle est son obédience et, surtout, a-t-il les faveurs de l'ancien maire... Bientôt, on passe devant un magasin de fleurs en se rappelant les mots de Véronique Roy un peu plus tôt : « La fleuriste va bientôt arrêter parce que les salafistes n'achètent pas de fleurs. »

Quelques minutes plus tard, Thierry Roy fait un arrêt dans une ancienne zone d'activité transformée en carrefour des croyances. Les petites entreprises locales ont mis la clé sous la porte, remplacées par une imposante église évangélique, des mosquées turques et une école coranique. On stationne rapidement devant un établissement confessionnel musulman, le collège-lycée La Fraternité. Avant de nous laisser quitter son pavillon, Véronique Roy décrivait l'ambiance en journée : « Les gamines sont voilées, ils ont tous leurs portables, ils sont très branchés, mais c'est hyper-inquiétant. »

Au moins, l'ancien maire Gatignon la rejoint sur ce point. Lui aussi s'inquiète du boom des collèges confessionnels dans le département. « On n'a pas de contrôle, rappelle-t-il, car ce n'est pas du ressort des communes. » Il explique avoir prévenu le conseil général et l'Éducation nationale de l'existence de cet établissement, mais dit ne pas en savoir plus. Sur le site du collège, il est indiqué qu'il est agréé par l'Éducation nationale depuis 2016.

Pour sortir de la zone d'activité, Thierry Roy roule doucement, surveille tout. « Il ne faut pas qu'on nous remarque, les gens me connaissent ici. » Il agace. « La guerre civile n'est pas loin », s'inquiétait-il même lors d'un autre échange.

Véronique et Thierry Roy sont devenus des figures publiques à Sevran. Ils sont les parents qui ont perdu un fils, mais aussi le couple en conflit avec la mairie et, pour certains, avec les musulmans. Personne n'ose les déranger et encore moins les prosélytes islamistes. « Ils font du porte-à-porte, mais n'osent pas venir jusque chez moi », raconte Véronique.

En revanche, continue-t-elle, ils frappent chez les voisins avec une question, toujours la même : « Tu vends ta maison ? » Et quand la réponse est non, la réplique fuse : « Je l'aurai, ta maison. »

Plus loin, dans la nuit d'hiver, la voiture de Thierry Roy traverse un quartier de barres d'immeubles ocres toutes semblables. « C'est ici que vivait celui qui a recruté mon fils », confie le père de Quentin en montrant l'étage où habitait Ilyes B. « Lui, un jour, il reviendra chez lui, auprès de sa mère. Mon fils, jamais. »

8.

L'incompris

À quoi sert un lanceur d'alerte si l'on ignore ses alertes ?

C'est la question qui vient à l'esprit lorsque l'on s'entretient avec Jean-Pierre Obin, dans son coquet petit pavillon d'Antony (Hauts-de-Seine). Une bicoque tout en bois, au départ, retapée pièce par pièce. L'homme est un menuisier hors pair. Cheveux d'un blanc éclatant, chemise à carreaux, il a écrit une quinzaine de livres, autant de rapports ministériels. Avec son look de papy bûcheron, cet inspecteur de l'Éducation nationale, aujourd'hui à la retraite – mais toujours formateur de chefs d'établissement – a donné son nom à un rapport sur les signes d'appartenance religieuse dans les établissements scolaires, notamment en Seine-Saint-Denis, il y a près de quinze ans... Ignoré à l'époque, son rapport dénonçant l'« islamisation » des banlieues apparaît, avec le recul, comme prémonitoire. Car depuis, c'est peu dire que la situation dans les lycées et collèges du 9-3 s'est aggravée.

Le discours de Jean-Pierre Obin est à la fois tranché et préoccupant. Ainsi, lorsqu'au terme de notre entretien on lui fait observer qu'il est délicat de lier les manifestations d'un islam rigoriste au terrorisme islamiste, il assène froidement : « Eh bien, vous avez tort ! Il y a une continuité et une porosité entre les deux. Il faut lire Abdelwahab Meddeb, philosophe franco-tunisien, qui montre bien que l'intégrisme diffus est déjà une manière de cautionner la violence. »

Au départ, donc, le rapport Obin, publié en 2004, en plein débat sur l'interdiction des signes religieux à l'école, dans la foulée de la commission Stasi de 2003. Il dressait pour la première fois un état des lieux sur l'« islamisation » à l'école, stigmatisant le « déni général de l'Éducation nationale ». Sans prétendre à l'exhaustivité, l'équipe d'inspecteurs s'intéresse alors à une vingtaine de départements sensibles, au premier rang desquels figure la Seine-Saint-Denis. Ils interrogent des chefs d'établissement, les inspecteurs académiques (aujourd'hui directeurs académiques), les seuls à avoir une vue d'ensemble du terrain, encore plus précise que les recteurs. « L'accueil était toujours bienveillant, mais, souvent, on nous répondait : “Dans mon département, il ne se passe rien”, se souvient Obin. Même discours des chefs d'établissement. Il a fallu rencontrer les enseignants, et encore, certains gardaient tout cela pour eux. Il fallait briser la loi du silence… »

Les mots sont forts, et le constat de l'époque est alarmant, voire alarmiste. Pourtant, assure aujourd'hui son auteur, le rapport a soigneusement été enterré par le gouvernement en place, et notamment par celui à qui il était destiné en priorité, le ministre de l'Éducation nationale, un certain… François Fillon. Le même qui, douze ans plus tard, lance sa campagne présidentielle en enfourchant le très rentable thème du danger djihadiste, dans son livre *Vaincre le totalitarisme islamique* (Albin Michel, 2016). Le futur candidat LR à la présidentielle accordait une large place à l'Éducation nationale, dont il stigmatisait l'inaction : « Je veux traquer toutes les démissions de la société française et d'abord celle de l'école. » Évoquant le développement d'un communautarisme islamique, il dénonçait : « Encore une fois, on a cherché à minimiser, à museler cette donnée pourtant majeure. »

Minimiser, n'est-ce pas exactement ce qu'a fait le ministre de l'Éducation de l'époque, s'agissant du rapport Obin ? Ce dernier va même plus loin : « François Fillon l'a enterré. »

« L'évolution va dans le sens d'une aggravation, d'une islamisation qui continue à se développer »

Il est vrai que le contexte était plutôt tendu, en cette rentrée scolaire de 2004. Les djihadistes d'Al-Qaïda réclament le retrait de la loi interdisant le port de signes religieux à l'école, fraîchement votée en mars, en échange de la libération d'otages français détenus en Irak. « Ensuite, se souvient Jean-Pierre Obin, en décembre 2004, une fois les otages libérés, Fillon préparait une loi de programmation sur l'avenir de l'école et n'a pas voulu communiquer sur le rapport. » Surtout, ne pas faire de vagues, ne pas rallumer l'incendie... Mais quelques fuites dans la presse contraindront le ministère, à contrecœur, à le rendre public accompagné d'une communication minimale.

Il faudra attendre dix ans, et les sanglants attentats de 2015, pour que le document passe de l'ombre aux petits écrans du JT du 20 heures, où il est présenté comme « précurseur ». L'Éducation nationale se met alors en branle. Dans ce ministère qui forme un monde à lui seul, peuplé d'un million de fonctionnaires et de 15 millions d'élèves dans le secondaire, la prise de conscience est réelle. Mais tardive, beaucoup trop tardive, selon Jean-Pierre Obin. Sans compter que, d'après lui, « l'omerta interne à l'Éducation nationale existe toujours [...]. L'évolution à l'intérieur des établissements scolaires va dans le sens d'une aggravation, d'une islamisation qui continue à se développer ».

« Le phénomène ne fait que s'aggraver », insiste Obin, évoquant une montée « d'incivisme et d'intégrisme ». Il se souvient de cet incident, en 2004, alors qu'« on ne parlait pas encore de radicalisation » : « En Ardèche, dans un car de ramassage scolaire, un groupe d'adolescents chantaient les louanges de Ben Laden. Des enseignants ont réagi avec détachement : "C'est une plaisanterie d'adolescents, une provocation." Sauf que leurs petits frères, ou eux-mêmes, sont partis en Syrie. C'était dans une région proche de Lunel, où le nombre de départs en Syrie est très élevé. Ces jeunes se sont sacrifiés, sont allés jusqu'au bout... »

Le constat vaut pour le 9-3, Jean-Pierre Obin n'en doute pas un instant. Près de quinze ans après l'alerte lancée vainement par l'inspecteur de l'Éducation nationale, la situation s'est, de fait, spectaculairement dégradée, comme nous l'assure la préfète à l'Égalité des chances du département, Fadela Benrabia.

Confirmation d'un professeur d'anglais au collège Alfred-Sisley, à l'Île-Saint-Denis, petite commune de 8 000 habitants située à l'extrême ouest du département. « Ici, tout le monde se connaît. Je croise beaucoup d'élèves portant le voile en dehors des cours, dans le bus, mais elles l'enlèvent une fois dans l'établissement », explique Nelson Kamen. En revanche, l'enseignant raconte sa stupeur un lundi matin de septembre 2016, jour de l'Aïd. Un seul élève est présent sur ses six classes de 24 élèves chacune, soit 144 élèves. Dans cet établissement, 99 % des élèves sont d'origine étrangère (maghrébine, sud-asiatique, centre-asiatique, albanaise, etc.), avec une immense majorité de musulmans. Un élève présent, 143 absents... Un record, sans aucun doute !

À l'école publique, la laïcité imposée par la loi de 2004 a, dans un premier temps, été globalement bien respectée, semble-t-il. « Des compromis se mettaient en place : des filles venaient avec des bandanas et il fallait négocier pour que cela ne cache pas tout mais montre un lobe d'oreille... Mais c'était rare », se souvient Jules Castro, enseignant en mathématiques du collège Georges-Politzer, situé dans un quartier populaire de Montreuil. Selon le jeune professeur, les vraies frictions datent d'il y a quelques années. « Des imams plus rigoristes sont arrivés dans le quartier. Peu après, des élèves protestaient contre l'enseignement de l'évolution en sciences ou ne voulaient plus dessiner en cours d'arts plastiques », témoigne-t-il. Le rapport Obin faisait déjà état de la porosité entre l'établissement scolaire et son environnement, lorsque ce dernier est soumis à une « islamisation », avec l'installation de commerces halal et de lieux de culte musulmans.

Les revendications les plus poussées des élèves mêlent désormais questions identitaires et religieuses. Comme cette collégienne d'origine malienne, inscrite à Georges-Politzer, qui emploie une drôle d'expression, les « Français-français-français », pour désigner les Blancs. « Le sentiment de déconnexion avec la nation et l'identité française est assez fort. Je m'y attendais, mais j'ai été surpris par l'intensité du phénomène », note encore Jules Castro. Ainsi, à la veille des vacances de décembre 2017, lorsqu'il souhaite un sonore « Joyeux Noël ! » à ses élèves, une collégienne de 14 ans lui rétorque froidement : « Je suis pas chrétienne, moi. » Le jeune prof a bien eu envie de lui répondre : « Ben moi non plus. » Mais il est « coincé », comme il dit, n'ayant pas le droit de faire état de ses convictions religieuses ou politiques en vertu de la neutralité du service public.

D'autres propos préoccupants se font entendre dans les classes, pêle-mêle sur l'homosexualité, les juifs ou le terrorisme, autant de sujets qui semblent obséder certains jeunes... « Sur l'homosexualité, on note le dégoût un peu adolescent, conforté par un environnement conservateur ; pour eux, c'est malsain et pervers », nuance Jules Castro, en précisant toutefois que les jeunes sont plutôt réceptifs à ses explications : « Ils ne connaissent rien à l'islam ou aux lois de la République. Ils souffrent d'acculturation, ils ont peu de références culturelles et construisent leur pensée sur une montagne de préjugés. Leur pyramide s'effondre rapidement si l'on prend le temps de parler et de mettre en lumière leurs contradictions. »

Au lycée Paul-Éluard de Saint-Denis, Jérôme Martin dresse un état des lieux similaire. Cet enseignant a organisé des débats après les attentats de 2015, dans une classe directement touchée puisque des élèves ont vécu l'assaut du Raid, rue du Corbillon, toute proche. À la question : « Les terroristes sont-ils des musulmans ? », un premier lycéen lève la main : « Ça peut pas être des musulmans parce qu'ils ont tué un vendredi. » Un second, en revanche, lance : « C'est l'islam, c'est logique », semblant justifier les attentats. Un troisième élève : « Moi, je pense qu'un musulman ne peut pas tuer tout court. »

Évaluer le phénomène de manière scientifique se révèle impossible : en matière d'atteintes à la laïcité en milieu scolaire, il n'existe aucun indicateur, comme le confirme Benoît Falaize, inspecteur général en charge de ces questions au ministère de l'Éducation nationale. Et puis, où commence l'islamisation ? Les avis divergent, question de point de vue… « Jusqu'à présent, une robe, une jupe, ou une tunique ample portée sur un pantalon, sauf erreur de ma part, ne sont pas des signes religieux », relève par exemple Lila Charef, directrice juridique du Collectif contre l'islamophobie en France (CCIF). Les chefs d'établissement préfèrent, de manière plus informelle, renvoyer les élèves chez elles pour qu'elles prennent le temps de changer de tenue. « Ce qui est assez paradoxal, c'est que la loi du 15 mars 2004 devait sanctuariser l'établissement scolaire. Il y a au contraire une focalisation sur la religion. On remet au cœur de l'enceinte scolaire cette question sur la religion », déplore Lila Charef, dans le local du CCIF de Saint-Ouen.

« Il y a eu une pétition contre moi, pour islamophobie »

Aujourd'hui, en tout cas, les enseignants savent faire preuve de fermeté et sont davantage guidés. Jean-Pierre Obin, qui continue à former les nouvelles recrues dans les écoles supérieures du professorat et de l'éducation, le confirme : « Le sujet est mieux connu, les enseignants, moins seuls, mieux soutenus par leur hiérarchie. » Au lycée Paul-Éluard de Saint-Denis, par exemple, Hakim Rebiha, professeur de technologie depuis 1997, est catégorique : « Notre rôle, c'est quoi ? C'est de faire en sorte que des enfants deviennent citoyens de la République. » Il reconnaît que, sur 1 800 élèves, une petite poignée chaque année conteste une idée, réfute une thèse, en cours de philo ou de SVT (Sciences de la vie et de la terre). Quant aux jeunes filles avec des « couvre-chefs » comme il dit, elles les retirent généralement lorsque Hakim Rebiha leur lance un regard réprobateur, avant même qu'il intervienne. « Quand je fais mon cours, le port de signes ostentatoires c'est *niet*, assure-t-il. C'est la République. Maintenant si ça gêne que davantage de gens fassent le ramadan, on n'a qu'à imposer la pensée unique. » Présidé par Jean-Louis Bianco, l'Observatoire de la laïcité, créé par Jacques Chirac en 2007 et installé par François Hollande en 2013, est chargé de fournir des réponses juridiques aux personnels susceptibles d'être confrontés à des atteintes à la laïcité. Depuis 2014, un réseau de référents laïcité a été mis en place dans les académies.

Mais le sujet est d'autant plus complexe que le problème ne se pose pas seulement pour les élèves. Les cas d'enseignants stagiaires pratiquant ouvertement l'islam attirent de plus en plus l'attention des rectorats. À l'École supérieure du professorat et de l'éducation (ESPÉ) de Créteil, où sont formés les enseignants du 93, des jeunes femmes reçues au concours en 2016 ont refusé de retirer leur voile une fois admises. Un vide juridique existe. À l'université, où ne s'applique pas la loi de 2004, les étudiantes peuvent se voiler. Mais les fonctionnaires stagiaires qui fréquentent le campus sont en théorie soumis au principe de neutralité. À l'inverse, en 2014, des stagiaires adultes admises dans des lycées accueillant de la formation continue portaient le voile car elles n'avaient pas le statut d'élèves. À la cafétéria, une femme ulcérée est venue arracher le voile de l'une des stagiaires. « C'est à l'académie de Créteil que les conflits sont les plus durs. C'est infernal. Il y a une dimension de confrontation avec l'institution, des conflits qui ne demandent qu'à éclater », décrit Isabelle de Mecquenem, une professeure de philosophie, référente laïcité à l'ESPÉ de Reims.

Son homologue à l'ESPÉ de Créteil, Aude Gerbaud, qui enseigne l'histoire à Saint-Denis, confirme : « On a déjà eu de gros soucis, on marche sur des œufs. Il y a eu une pétition contre l'une de mes collègues et moi, pour islamophobie. »

Jean-Pierre Obin en est en tout cas convaincu, il ne faut surtout pas faire de concessions à l'entrée de la religion musulmane à l'école. « Les entorses que les professeurs acceptent, les transactions avec la laïcité, c'est renoncer. On ne doit pas laisser le prosélytisme faire son œuvre », conclut-il.

Encore faudrait-il l'écouter, cette fois.

9.

Le patron

Ils font le même constat, mais adoptent deux attitudes différentes.

Paprec et Dubrac, deux belles entreprises du 9-3, qui, face au même phénomène, y ont apporté deux réponses opposées.

Confrontés à la progression des tenants d'un islam revendicatif – le Medef 93 a même ouvert en 2014 une *hotline* pour répondre aux patrons désemparés –, les chefs d'entreprise locaux sont contraints de trancher. Vaut-il mieux refuser tout signe d'appartenance religieuse, quitte à contrevenir au principe de la liberté d'exercice du culte ? Ou accepter des accommodements à la laïcité pour le bien-être de certains salariés, au risque de s'exposer à des revendications grandissantes, dont certaines affectent le fonctionnement de l'entreprise et exaspèrent d'autres employés ?

Francis Dubrac a clairement choisi la seconde option. Patron depuis 2002 de l'entreprise éponyme, basée à Saint-Denis, il a le parler vrai des gens du bâtiment, cette sorte de confrérie unie par le labeur et les conditions de travail, les mêmes pour tous.

Jamais avare d'une bonne blague, même si le sérieux s'impose, parfois. « C'est vrai que c'est nouveau, on n'était pas habitués », commence Francis Dubrac, quand on lui parle de la poussée d'un islam ostentatoire. Il l'assume, il est bien placé pour en parler, tous ses salariés, qu'il dit connaître par leur prénom, ont aussi la même impression. Il tente de comprendre, de dater le phénomène.

« Il y a quarante ans, on n'avait pas ces problèmes-là et pourtant les émigrés méditerranéens étaient bien présents. Mais on n'entendait pas parler d'une journée de congé pour la fête de l'Aïd. D'où vient ce phénomène ? Est-ce que c'est parce que les musulmans se sentent plus à l'aise dans la société française et plus intégrés pour dire : "Nous, on a des moments de vie où l'on doit adapter notre vie professionnelle" ? », s'interroge à haute voix le patron de Dubrac.

La plupart de ses ouvriers sont majoritairement d'origine africaine, souvent maghrébine. Ce sont des employés peu qualifiés, au salaire modeste, recrutés dans les HLM alentour. À Saint-Denis, pour Dubrac. Ils accomplissent à longueur de journée des tâches répétitives, qui finissent inexorablement par rendre leur corps voûté et douloureux. Soixante-sept chantiers en cours, 45 millions d'euros de chiffre d'affaires. Et un vivre-ensemble qui semble fonctionner.

Repreneur de l'entreprise familiale créée en 1922, Francis Dubrac se fait l'avocat d'une laïcité ouverte. Catholique non pratiquant, il explique sans embarras avoir accepté de faire des compromis pour le bien-être de ses salariés. « Vous ne pouvez pas abandonner votre religion à la porte de l'entreprise », déclare-t-il à ses 350 employés. Devant eux, il n'hésite pas à brandir fièrement l'exemplaire du Coran offert par un imam, en échange d'une brouette de béton ; et qu'il conserve précieusement dans son bureau. « Le fait de s'intéresser à la religion, de comprendre à la fois ses préceptes mais aussi son fonctionnement, permet de ne pas se faire embarquer dans des théories fumeuses », croit-il.

Bien installé dans son fauteuil avec système basculant, le patron précise son point de vue : « La prière n'a pas sa place dans l'entreprise, de façon ostentatoire en tout cas... Si un collaborateur dans son bureau fermé veut faire sa prière à midi, il ne gêne personne. » Sur les chantiers, la prière est déjà une réalité. Des ouvriers attendent la pause déjeuner pour se recueillir de manière discrète dans des baraques. « Nos Maliens, nos Maghrébins savent que l'heure de la prière n'est pas figée comme une cocotte-minute », plaisante le P-DG.

« Si je refusais de donner des jours de congé le jour de l'Aïd... »

Pendant le ramadan, les horaires de travail sont aménagés. Les ouvriers débutent à 5 heures du matin pour finir à la mi-journée. « Nous travaillons au mois de juillet par des températures de 35 degrés, justifie Francis Dubrac. Quand on a à étaler des matériaux à 180 degrés, il est inhumain de penser que des salariés qui font le ramadan vont continuer à faire leur travail normalement. Ceux qui ne sont pas musulmans ne travaillent pas non plus par 35 degrés. »

À l'Aïd, célébrant la fin du mois de jeûne, 110 des 350 salariés que compte l'entreprise, soit près d'un tiers, demandent un jour de congé. Leur patron accepte, même si le fonctionnement de l'entreprise s'en trouve largement affecté. « Peut-être que, si je refusais de donner des jours de congés le jour de l'Aïd, je serais plus riche ? Et après ? Je m'en fous », fanfaronne-t-il.

En revanche, Francis Dubrac met son veto au port du voile. Car, depuis quelques années, des femmes postulent avec un foulard sur la tête : « On discute avec elles, et, du coup, elles l'enlèvent dans la voiture et gardent un fichu. » Devant nous, le P-DG du groupe de BTP fait appeler Aïssata, une jeune recrue d'une vingtaine d'années. Elle arrive dans le bureau du patron avec ce fameux fichu autour des cheveux. « C'est plus un accessoire de mode – qui leur va très bien d'ailleurs – qu'une volonté ostentatoire de nous dire : “Je suis musulmane et je t'emmerde” », assure Francis Dubrac. L'employée acquiesce aux propos de son patron, évidemment.

Interrogée sur la laïcité à la Paprec, une approche tellement plus stricte, elle répond qu'elle lui « fait peur ». « Je n'irai certainement pas travailler là-bas », affirme la jeune femme, avant d'ajouter, sous les yeux ravis de son « boss » : « De toute façon, Paprec, c'est le roi de la com'... »

« Francis Dubrac a une approche pragmatique, parce qu'il a une entreprise de taille intermédiaire », rétorque Philippe Fanartzis, directeur des relations institutionnelles, au nom de Paprec. « À un moment donné, quand il aura 8 000 personnes, il ne pourra pas avoir la même approche. Francis Dubrac, c'est un patron comme on en faisait dans l'ancien temps. Il arrive le matin, il serre la main à tout le monde… Jean-Luc Petithuguenin le faisait jusqu'en 2002, 2003. Aujourd'hui on a cent sites. Il y a des salariés qui sont depuis trois ans chez Paprec et qui n'ont jamais vu le P-DG… »

Avec un patrimoine évalué à 350 millions d'euros, qui en fait la 235e fortune de France, Jean-Luc Petithuguenin devrait pouvoir se permettre de parler… cash. Malheureusement, le fondateur du groupe Paprec, spécialisé dans le recyclage, a refusé de répondre à nos questions. Dommage, on avait beaucoup de choses à demander à ce grand patron du département, aux positions extrêmement fermes s'agissant de la poussée islamique, au point d'être qualifié d'« extrémiste laïcard » par ses détracteurs.

Son entreprise est l'une des plus importantes sociétés de recyclage du pays avec 1,5 milliard d'euros de chiffre d'affaires annuel. Son siège est situé au cœur de la zone industrielle de La Courneuve. En 2014, Paprec est devenue la première entreprise privée de France à instaurer une charte de la laïcité dans son règlement intérieur : le texte impose un strict devoir de neutralité aux salariés. Ils ne doivent « pas manifester leurs convictions politiques ou religieuses dans l'exercice de leur travail », stipule notamment le document. Le principe est clair : les employés de Paprec sont soumis au même devoir de neutralité que n'importe quel agent d'un service public. Pourtant, le Code du travail n'impose pas aux entreprises de droit privé de respecter le principe de laïcité.

« On ne veut pas de grands frères dans notre entreprise »

Sur le coup, cette initiative spectaculaire surprend, de la part d'une société qui se présente comme une championne de la diversité. L'entreprise aime à le rappeler : elle compte huit mille collaborateurs de quarante-six nationalités différentes. D'ailleurs, le groupe s'offre régulièrement d'onéreuses campagnes d'affichage publicitaire dignes de celles de Benetton. Dans le RER ou le long de l'autoroute A86 qui traverse la Seine-Saint-Denis, Paprec vante ses mérites en exposant des enfants de toutes origines se tenant par les épaules...

Officiellement, à en croire ses auteurs, sa charte sert à « anticiper » les difficultés qui pourraient surgir dans l'entreprise. « On ne veut pas de grands frères dans notre entreprise », résume Philippe Fanartzis, autorisé lui à s'exprimer. Il évoque le cas de la RATP comme un contre-exemple. « On n'a jamais eu de problème, mais on fait ça par prévention », insiste-t-il. Membre de la chambre de commerce et de l'industrie du département mais aussi du Medef, il assure que « les musulmans de l'organisation patronale sont les premiers à être outrés par certaines revendications religieuses. La charte vise à protéger les religieux modérés ». Et d'assurer : « Il y a une entreprise de nettoyage dans le 9-3 qui a compris que certains de ses salariés priaient dans des bureaux de la Défense où ils faisaient le ménage. C'est pour éviter ce genre de faits qu'on a instauré la charte. »

La cinquantaine bien tassée, ce petit homme rond, comme ses lunettes, mesure ses propos. À l'image de la société qui l'emploie, chez lui, tout est sous contrôle. Durant l'entretien qu'il a bien voulu nous accorder, Philippe Fanartzis était d'ailleurs sous la surveillance constante de la chargée de communication de Paprec qui nous a interdit d'enregistrer l'entretien. Cette dernière nous a en permanence « escortés », même durant notre visite de l'usine de tri ! Preuve que, pour la société, le sujet est hypersensible. Et que la communication est primordiale : nos deux interlocuteurs ont insisté pour nous remettre, au moment de les quitter, un castor en peluche, symbole de l'entreprise : « Si vous avez des enfants ou des petits neveux… »

L'initiative prise par la direction de Paprec a été plutôt bien accueillie par les salariés, notamment les organisations représentant le personnel. « On avait un peu peur de ce qui pouvait arriver chez nous », résume Édith Péter, responsable administrative de facturation et membre du Seci-Unsa, le syndicat majoritaire à Paprec. « Finalement, ça enlève un poids pour les salariés », qui ont globalement bien accepté la charte, témoigne-t-elle. À l'époque de sa rédaction, les employés sont conviés à une série de réunions – une cinquantaine au total – par la direction qui souhaite expliquer sa démarche.

Depuis 2014, la plupart des salariés n'ont plus entendu parler du document. Ils le voient bien placardé dans tous les bureaux, mais n'y prêtent plus attention.

Ce n'est clairement plus un sujet de conversation entre collègues.

En fait, c'est surtout aux futurs employés qu'il est présenté. « Vous connaissez la charte de Paprec ? Il ne faut pas que cela vous pose problème », leur demande-t-on d'emblée lors de leur entretien d'embauche. « On vient chez nous parce qu'il y a une philosophie », se rengorge Philippe Fanartzis.

Les syndicats applaudissent également, donc. D'abord étonnés par la proposition de la direction, ils ont fini par voter à l'unanimité en faveur de la charte lors d'une réunion du comité d'entreprise. Grâce à elle, ils n'auront plus à se positionner – et donc se diviser – sur la très délicate question de la pratique de l'islam au travail.

Dans les faits, la direction affirme n'avoir jamais eu besoin de se servir de la charte pour sanctionner un salarié pris en flagrant délit. Ce qui l'arrange sans doute, tant la légalité du texte fait débat. En 2014, Jean-Luc Petithuguenin avait confié publiquement savoir être à la limite de la légalité. Le principe de liberté religieuse prime en effet dans les entreprises privées, sauf si les impératifs de sécurité, d'hygiène et d'image de la société sont remis en cause.

La loi El Khomri de 2016 est venue donner un peu d'air au groupe. L'article 2 de cette réforme du droit du travail, qui semble directement inspiré de la charte éditée par Paprec, précise que « le règlement intérieur peut contenir des dispositions inscrivant le principe de neutralité [...] si ces restrictions sont justifiées par l'exercice d'autres libertés ou par la nécessité du bon fonctionnement de l'entreprise et si elles sont proportionnées au but recherché ». Paprec n'est pourtant pas à l'abri d'une procédure aux prud'hommes. Les conditions prévues par la loi sont-elles respectées par la fameuse charte ? Une femme voilée contrevient-elle au bon fonctionnement de cette entreprise, sachant que la plupart des salariés ne sont pas au contact des clients ?

Rien n'est moins sûr…

Aux yeux de certains, la charte va trop loin. Il y a une dizaine d'années encore, Moussa Kante, chauffeur de camion chez Paprec et syndiqué à la CGT, allait prier dans la mosquée du siège de l'UOIF (Union des organisations islamiques de France, devenue Musulmans de France), située 20, rue de la Prévôté, toute proche donc du centre de tri de La Courneuve. Seulement pour deux occasions dans l'année : l'Aïd el-Kebir (également dénommée Aïd el-Adha), la commémoration du sacrifice d'Abraham, et l'Aïd el-Fitr, la célébration de la fin du ramadan. « On allait là-bas faire la prière et quand on revenait, on récupérait les trente minutes qu'on avait perdues. » Jusqu'à la nomination d'un nouveau manager, plus sourcilleux. « On a par exemple demandé qu'on puisse faire la prière à 8 heures et aller au travail à 9 heures, mais il le refusait », déplore le cégétiste. Depuis 2014, du fait de la nouvelle charte, les salariés sont contraints de prendre une journée de congé pour célébrer comme ils le souhaitent le grand et le petit Aïd. Et encore, tout le monde n'en a pas la possibilité : la direction ne peut accepter toutes les demandes de congés au même moment, en raison précisément du principe de bon fonctionnement de l'entreprise.

Catholique non pratiquant, Jean-Luc Petithuguenin se veut le chantre d'une laïcité stricte qui n'admet aucun signe religieux dans les espaces collectifs. Il se reconnaît d'ailleurs dans le combat que mène le Printemps républicain, association proche de l'ancien Premier ministre Manuel Valls. En janvier 2018, Petithuguenin a participé à la journée Toujours Charlie organisée par le mouvement « laïcard », entouré de Caroline Fourest, Élisabeth Badinter ou encore Pascal Bruckner. Le patron de Paprec s'était vu décerner le prix de la laïcité 2014 du Comité laïcité république (CLR). Cette association, fondée en 1991 à l'instigation du Grand Orient de France, la grande obédience franc-maçonne, est aujourd'hui très proche du Printemps républicain.

Les dirigeants de Paprec l'assurent : le combat laïque entrepris par leur patron s'inscrit dans une démarche de lutte contre les discriminations, le racisme et l'antisémitisme. Même s'ils ne nient pas être également motivés par des considérations purement économiques. Des études – notamment américaines – à la fiabilité discutable ont en effet conclu qu'un employé à l'engagement religieux très marqué était moins productif, d'une part parce qu'il passerait trop de temps à prier, d'autre part parce que son comportement induirait des tensions dans l'entreprise, nuisant ainsi à sa productivité...

Le choix entre laïcité stricte et laïcité souple ne serait-il que fonction du nombre d'employés ? Ce serait omettre que certaines multinationales installées en France comme Ikea ou H&M optent pour une laïcité « ouverte » à la Dubrac, allant parfois jusqu'à accepter le voile pour des postes de vendeuses.

Alors, Paprec ou Dubrac ? Laïcité intransigeante ou flexible ? Entre ces deux options « irréconciliables », la plupart des chefs d'entreprise du 9-3 préféreraient ne pas avoir à choisir.

10.

Le barman

À 60 ans, Amar Salhi a l'allure d'un titi parisien, voix éraillée, argot d'un autre âge et répliques à la Audiard de rigueur. « Bienvenue dans la taverne de Daesh ! », lance, hilare, le patron du Jockey Club. Pour toute la France, ce bar-PMU situé au cœur de la cité des Beaudottes, à Sevran, est devenu, du fait d'un reportage télé diffusé fin 2016, « le bar interdit aux femmes », le symbole d'un département soi-disant mis en coupe réglée par les islamistes... Alors, pour les besoins de cette enquête, il fallait retourner sur place, plusieurs fois, pour se faire une idée.

Et l'on a fini par se demander si l'on ne s'était pas trompé d'adresse...

Kabyle d'origine, Amar Salhi est né à Paris, « 4 rue d'Chine, à Ménilmuche, dans l'vingtième ». L'arabe, il le comprend, un peu. L'islam ? Il le pratique, avec modération également. Salhi a été boulanger, il a travaillé dans la climatisation, avant de venir s'établir ici, et de reprendre en octobre 2010 ce café qui ressemble à un îlot de vie au pied d'une cité figée.

Au Jockey Club, autant le préciser d'emblée, il reste peu de place pour appliquer les préceptes musulmans régulant la vie quotidienne, comme le fait de ne pas boire d'alcool ou de ne pas jouer à des jeux d'argent. Ici, c'est même tout le contraire qui est recommandé.

Ce jour-là, des hommes sirotent leur café, le coude appuyé sur une table isolée devant le bar. Sur la vitre, le trèfle blanc sur fond bleu et un cavalier vert indiquent qu'on joue au Loto et au tiercé. En fond sonore, le répertoire des années 1980 défile : *Let's get it on* de Marvin Gaye, *Give me the night* de George Benson… Loin, très loin des commandements d'un islam fondamentaliste, prohibant par exemple la musique, considérée comme le fruit du diable selon un hadith brandi par les adeptes du wahhabisme.

Cet après-midi-là, on dénombre environ vingt-cinq clients, âgés de 30 à 60 ans à peu près.

Tous des hommes.

Évidemment, l'arrivée d'une femme provoque un trouble certain dans l'assistance. On ne ressent aucune agressivité, plutôt de l'étonnement, voire de la gêne. « Vous êtes la bienvenue », assure pourtant Mehdi, l'un des clients.

Depuis le 7 décembre 2016, les habitués du Jockey Club sont échaudés. Ce soir-là, France 2 diffuse au cours du journal de 20 heures un reportage choc tendant à prouver que le petit bar-PMU de Sevran est une zone de non-droit d'où les femmes sont purement et simplement exclues. Dans cette séquence, vue en direct par plus de 5 millions de téléspectateurs, on aperçoit un client lâcher à deux militantes féministes qui le filment en caméra cachée : « Dans ce café, il n'y a pas de mixité. Ici, c'est des mentalités différentes, c'est comme au bled. » Les deux femmes, membres de la Brigade des mères, une association qui milite pour la liberté des femmes en banlieue, y voient un « problème de tradition, de culture mais aussi de religion », l'islam des « grands frères » étant devenu aussi normatif que le Code pénal, expliquent-elles tour à tour dans le reportage.

« Même nos filles ne rentrent pas là »

Le sujet de France 2 fait scandale, déclenche l'hystérie médiatique d'autant que la France est déjà en campagne présidentielle, et que les principaux candidats tentent d'instrumentaliser l'affaire.

Près de deux ans plus tard, qu'en est-il ? Plusieurs visites au Jockey Club, début 2018, ont abouti au même résultat : pas la moindre représentante de la gent féminine n'a pu être croisée. « Ah, elles n'y viennent pas, mais c'est pas interdit, attention, ce n'est pas la même chose ! », se défend Amar Salhi. Le gérant le jure, la main sur le cœur : il ne refuse personne. « Même un lapin, je lui servirais un jus de carotte ! », assure-t-il, en passant un chiffon sur l'étain du comptoir. En réalité, ajoute-t-il, « les gars, ici », ils en voudraient justement davantage, de la compagnie féminine ! « Ben tiens, demandez à une poule si elle veut du grain ! », s'esclaffe Amar Salhi, toujours délicat.

Mais, dans ce cas, pourquoi les représentantes du sexe féminin se font-elles si rares ?

« Dans les bars pour jouer, il n'y a que des hommes », tranche Ismaël, un quadragénaire habitué des lieux. De fait, dans tous les PMU de France, comme dans les tribunes populaires de l'hippodrome de Vincennes, la population turfiste est très majoritairement masculine.

De l'avis même des fidèles du Jockey Club, le bar ne serait « pas fréquentable » pour les femmes. À cause des jeux, de l'alcool, de l'odeur de tabac froid, des gros mots et autres plaisanteries graveleuses… « Je ne veux pas faire le macho, mais une jolie fille, qu'est-ce qu'elle va prendre un café avec des mecs qui fument du shit ? », s'étrangle Mehdi, entrepreneur de 32 ans. « Même nos filles ne rentrent pas là », abondent en chœur tous ces pères de famille. « Ma femme, elle va dire : ben non, qu'est-ce que tu veux que je fasse avec toi au café ? Emmène-moi plutôt au restaurant ! », rigole Mehdi.

Laghdar, dit « Billy Paul », est serveur au Jockey Club depuis 1997. « Avant, les gens venaient en famille, mais les nouvelles générations sont différentes », observe-t-il. Le matin ou le dimanche, toutefois, des femmes, en général plutôt âgées, se mêlent à la clientèle. Elles viennent boire « leur petit blanc » et faire leurs jeux, assure Salhi.

Loin d'être une zone interdite aux femmes, *a fortiori* un repaire d'intégristes, le Jockey Club ne semble en réalité guère différer des milliers de bars-PMU français. Alors, que s'est-il passé ce 8 octobre 2016, jour où a été tourné le reportage diffusé quelques semaines plus tard au JT de France 2 ? Les faits auraient-ils été dénaturés ?

Si, le 31 juillet 2017, le Conseil supérieur de l'audiovisuel n'a relevé aucun « manquement » à la déontologie, l'année suivante, lors d'une audition au ministère de la Cohésion des territoires, Hervé Brusini, directeur chargé du numérique à France 2, a reconnu un « bug », comme l'a révélé le BondyBlog.

Nadia Remadna, la fondatrice de la Brigade des mères, est l'une des deux auteures de la caméra cachée. Avant d'entrer dans le bar, elle regarde à l'intérieur, suscitant l'attention des clients. Elle prétend que sa collègue qui l'accompagne, Aziza Sayah, a rendez-vous avec un homme pour recevoir des nouvelles de son fils Sami, mort en Syrie en 2015. Selon le patron et plusieurs clients, les deux militantes s'attardent près d'une heure à l'intérieur, répétant : « Vous avez la mentalité du bled » et déclinant l'invitation répétée de Salhi à consommer. « Je leur ai demandé de ne pas importuner les gens, se souvient le patron. Ici on parle de tout, de conneries, mais pas de politique. »

« Un endroit sans femmes à dézinguer dans les médias »

L'homme qui prononce la fameuse phrase : « Ici, c'est comme au bled », c'est Houari, un quadra marié à une Réunionnaise et père de trois enfants. « Il joue aux courses, tous les samedis il prend sa cuite, tu parles d'un musulman ! », ironise le tenant de bar. Houari n'a pas oublié l'épisode. Nous avons pris connaissance de sa déposition recueillie par la police judiciaire. Il affirme avoir été « harcelé » par les deux femmes pendant qu'il cherchait à valider ses jeux. « C'est alors qu'elles ont commencé à nous parler de la Syrie, et du fils de l'une d'elles qui était parti là-bas... On lui a répondu qu'on s'en foutait, puis, de manière incohérente, elles ont changé de conversation et m'ont demandé pourquoi je ne venais pas avec ma cousine. » Il aurait ensuite lancé : « Ici, c'est comme au bled »... « Ma cousine fait ce qu'elle veut de son côté, elle est libre de ses choix et décisions, voilà ce que signifiait ma réponse », se défend Houari. « Ce n'est pas une pièce de théâtre, ça a été fait spontanément », s'obstine Nadia Remadna, qui conteste toute manipulation.

Amar Salhi pense exactement le contraire. Il va jusqu'à dénoncer un coup monté par les réseaux du Printemps républicain, collectif militant pour le retrait des signes religieux des espaces publics. Nadia Remadna est d'ailleurs signataire du manifeste de cette association. Une ancienne sympathisante de la Brigade des mères, Ouided Ben-Hadj, fonctionnaire territoriale à la mairie de Bobigny, partage totalement l'avis du patron. Elle est même catégorique. « C'était un piège monté en toute connaissance de cause, témoigne cette femme de 50 ans. Six mois avant, Nadia Remadna m'a proposé d'y participer en me disant qu'elle cherchait la poule aux œufs d'or, un endroit sans femmes à dézinguer dans les médias. » Éloignée depuis de la Brigade des mères en raison de divergences avec sa dirigeante, Ouided se dit prête, s'il le faut, à témoigner devant la justice.

Une chose est certaine : pour les habitués du Jockey Club, la séquence de 6 minutes 25 diffusée le 7 décembre 2016 a tout fait basculer. Du jour au lendemain, des clientes refusent de revenir, dont « Marie-Jo, une amie de quarante ans », selon le patron. Le chiffre d'affaires chute de 20 %. Comme au zoo de Thoiry, des automobilistes baissent la vitre de leur voiture pour prendre des photos du « bar intégriste ».

Propulsé dans un tourbillon politico-médiatique, Amar Salhi perd du poids. Il reçoit des menaces, est traité d'islamiste. C'est-à-dire « rien de moins que du fascisme », s'emporte son avocat, Me Farid Bouzidi.

« Le mal, il est fait, c'est à moi de le défaire », conclut alors le barman. Du coup, en mai 2017, il se lance dans une bataille judiciaire contre Nadia Remadna mais aussi France 2. Il dépose une plainte pour « diffamation à caractère racial » avec constitution de partie civile. Les témoignages affluent pour attester que les femmes sont les bienvenues au café.

En parallèle, il entame une procédure devant le tribunal de grande instance de Paris pour obtenir l'ensemble des enregistrements vidéo. Le 23 février 2017, le juge désigne un huissier de justice chargé de se voir remettre par France Télévisions « l'intégralité de l'enregistrement en caméra cachée ». Sans résultat. Le 8 juin, France Télévisions invoque le secret des sources pour éviter de communiquer ses rushes. De toute façon, la chaîne précise que les enregistrements ne sont pas conservés au-delà d'un délai de trois mois à compter du stockage et ont donc été détruits.

Si Amar Salhi a été débouté sur ce plan, la procédure en diffamation était toujours en cours à la rentrée 2018. Une juge d'instruction ayant été désignée, le patron du Jockey Club peut espérer obtenir la mise en examen de la chaîne.

Sensible à cette histoire, l'humoriste et producteur Yassine Belattar a racheté 36 % des parts du café, en mars 2018. « Pour aider Amar », clame le stand-uper engagé. Juste après le ramadan de juin 2018, Amar Salhi s'est lancé dans les travaux pour donner un coup de jeune à son établissement, et surtout pour tourner la page d'une histoire qui l'a totalement dépassé. Du coup, le café-PMU va délaisser les jeux de hasard et le tiercé pour se transformer en petit restaurant de quartier.

Fin de l'histoire ? Pas tout à fait... Car, à bien y regarder, le Jockey-Club en raconte une autre, qui n'est pas sans lien avec notre sujet.

« T'as pas le droit de dire ça, t'as pas le droit de faire ça »

Ils le reconnaissent eux-mêmes volontiers, si un certain nombre de musulmans viennent goûter à leur « péché » au café d'Amar Salhi, c'est aussi parce que le contrôle social, ou plutôt religieux, est devenu pesant, à Sevran comme dans la plupart des villes du 9-3.

« On a peur de fumer ailleurs, alors je viens ici », confie Mehdi, qui admet prendre également « de temps en temps une petite bière ». Son compagnon de soirée, Ismaël, plus âgé de dix ans, approuve. « Il y a une nouvelle religion qui se développe, témoigne-t-il. Je ne sais pas quelle religion c'est, c'est pas celle qu'on m'a appris, moi... C'est pas l'islam, c'est un nouveau truc : t'as pas le droit de dire ça, t'as pas le droit de faire ça, ça c'est *haram*, faut s'habiller comme ça, faire comme ça, etc. » Mais attention aux interprétations hâtives.

Pour avoir tenté de dénoncer le machisme ambiant en le liant à l'islam, Nadia Remadna est désormais *persona non grata* à Sevran et dans les villes alentour. Elle a déménagé à Paris, où nous l'avons retrouvée. À 57 ans, cette travailleuse sociale affiche plus de vingt ans de militantisme dans les banlieues. Née en France de parents algériens, elle doit quitter son collège à Champigny-sur-Marne à 13 ans pour retourner en Algérie. Dix ans plus tard, elle revient en France. Marquée par le patriarcat subi à l'adolescence, elle redoute le développement de normes conservatrices musulmanes à Sevran. « Si on était libres de tout dire, on dirait qu'on n'est pas en France, ose-t-elle. À Carrefour, même en Algérie, ce n'est pas comme ça… Il n'y a que des femmes avec leurs gosses et leur charriot. Les hommes sont au café, ils se détendent. Il n'y a pas que l'espace public qui est concerné, poursuit Nadia Remadna. C'est plus profond que ça. On s'interdit des choses, inconsciemment. Pour voir des copines, on se donne rendez-vous à Paris. »

Nadia Remadna, au discours radical, n'est pas seule dans son combat. Depuis quelques années, des associations d'habitants alertent sur le machisme en banlieue. Le collectif Place aux femmes d'Aubervilliers travaille depuis six ans sur la mixité dans la ville en ciblant les cafés. Mais, à l'inverse de la Brigade des mères, il refuse tout lien exclusif entre culture arabo-musulmane et occupation machiste de l'espace public. « Ce brouillage relève d'une parole raciste que nous n'acceptons pas », écrivent ces militantes dans un mail qu'elles nous ont adressé en décembre 2017, en réponse à notre demande d'entretien. Dans ce courriel, elles se jugent « chacune capable de remettre en question sa culture, quelle qu'elle soit, pour y voir ses racines patriarcales au lieu de nous laisser passivement obnubiler par l'ennemi numéro un des médias, les pratiques de l'islam ».

« L'islamisme a pris pied à Saint-Denis »

De son côté, l'Observatoire de la laïcité de Saint-Denis, une association militant contre l'islamisme, a lancé une drôle d'initiative : coller des autocollants « Femmes bienvenues » sur les cafés de la ville. Dans cette commune, en dehors de la place de l'hôtel de ville, la fréquentation des bars est, de fait, également très masculine. Dans son salon, où le fondateur Fewzi Benhabib nous reçoit, après plusieurs échanges houleux, des tapis orientaux sont accrochés aux murs, des tajines décoratifs disposés sur les étagères. Autour de dattes d'Alger, le visage éclairé en clair-obscur, Fewzi Benhabib appuie ses mots. « L'islam est en porte-à-faux avec les droits des femmes, professe-t-il. Parce que l'islam humaniste a disparu, confisqué par les salafistes et les Frères musulmans qui ont imposé leur vision. »

Immigré d'Algérie dans les années 1990, l'ancien professeur de physique confesse qu'il a une « peur bleue » du courant politique qui fait « du Coran une arme de combat » partout dans le monde. Marqué par la guerre civile algérienne, il estime que « l'islamisme a pris pied à Saint-Denis » et que « c'est foutu ». Entre lui et les « islamistes », parmi lesquels il range pêle-mêle Madjid Messaoudène, un élu de gauche de la ville, ou Edwy Plenel, patron du site Mediapart, « il y a 200 000 morts » dit-il sans nuance, en référence aux victimes des groupes armés islamistes qui ensanglantèrent l'Algérie dans les années 1990. Aussi, le moindre signe visible de culture arabo-musulmane dans l'espace public lui semble une « goutte d'eau » de l'intégrisme, de la présence d'un voile dans la rue à l'absence de femmes dans un café. « Ce n'est pas le doigt qui appuie sur la gâchette du terroriste, c'est cette idéologie totalitaire », assène le militant, impliqué dans plusieurs altercations avec des habitants de Saint-Denis.

Retour à Sevran. Quelques visites dans les six autres bars-PMU de la ville confirment sans grande surprise qu'on y trouve essentiellement des hommes.

Au Figaro, petit café encore dans son jus, le patron, Denis, discute avec une Sevranaise. « De toute façon, les femmes ne peuvent pas aller dans les bars ! », se plaint-elle. On s'approche. Elle raconte les cafés. « On peut s'asseoir, mais dans un coin. Y a que des mecs. Ils ont pris l'espace, et toi, tu n'as pas le droit d'y aller, ils te regardent de travers. À Paris, tu peux y aller, personne ne va te regarder », raconte-t-elle, angoissée. On se rend avec elle au Balto, autre estaminet où les femmes sont indésirables selon elle. Pourtant, à peine quelques regards quand on s'installe.Cette mère de 35 ans regrette le dernier boucher, parti en 2011, l'extension du halal, la disparition de l'école catholique Sainte-Agnès, les champs de Sevran désormais bétonnés par les cités ou encore les aides sociales données aux « voilées »... « C'est aux étrangers de s'adapter à la France, pas à nous de nous adapter à eux. En tant que femmes, on est en train de régresser », assure-t-elle, laissant entendre que l'extrême droite est désormais le seul recours.

Consciente de ces tensions larvées, la préfecture de Bobigny surveille d'un œil critique l'équilibre des sexes dans l'espace public. « La Seine-Saint-Denis, c'est un espace public dominé par les hommes où les femmes sont victimes », lâche sans langue de bois Didier Leschi, ancien préfet à l'Égalité des chances du 9-3, en référence aux multiples agressions visant les femmes dont les vols de sac à l'arraché ou le car-jacking. Mais il ne se réfère pas à la religion. Fadela Benrabia, qui lui a succédé début 2016, va un peu plus loin. L'ancienne conseillère de Manuel Valls à Matignon, elle, parle de normes sociales qui étreignent certains quartiers. « Il y a des filles qui n'ont pas le choix, soit elles se font attraper par le trafic sexuel, soit elles se font "calmer" par un discours religieux. »

Amar Salhi, lui, voit les choses plus simplement. « La base de l'islam, c'est la tolérance. » Et il poursuit : « Moi c'que j'aime pas, c'est les cons. Ça, j'les tolère pas. Ah ça, les cons, ils sont audacieux ! », mitraille le « patron flingueur ».

11.

Le flic

Ils ne s'entendent pas. Cloisonnent à outrance. Brinquebalés de réforme en réforme, au point que l'on s'y perd dans les acronymes, les flics des services de renseignement ont failli en Seine-Saint-Denis. Ils ont délaissé ce département au moins de 2010 à 2015. Confits dans leurs conflits, ils ont perdu du temps, laissé les fameux signaux faibles se développer, sans vraiment les comprendre, les appréhender.

Eux-mêmes le reconnaissent.

Voici le récit exclusif d'un échec policier.

D'abord, une note confidentielle. Un document interne de la Direction du renseignement de la préfecture de police (DRPP), que nous nous sommes procuré. Daté du 2 juillet 2015, il a été rédigé par Vincent Probst, le patron du Service territorial du renseignement (STR 93), l'antenne locale de la DRPP. « Le service était dépourvu d'un groupe islam et cette thématique essentielle reposait sur le bon vouloir d'un seul homme », révèle le rapport secret. En clair, il y a eu, dans le 9-3, un seul enquêteur dédié à l'islamisme, dans ce service d'élite, pour 700 000 musulmans recensés sur le département, au minimum, parmi lesquels une très grande majorité de paisibles citoyens, mais aussi une minorité agissante prête à se radicaliser.

Le renseignement a clairement fauté, dans un département où le nombre de personnes figurant dans le Fichier des signalements pour la prévention de la radicalisation à caractère terroriste (FSPRT) est le plus élevé de France. En février 2018, 1 400 signalements de radicalisés susceptibles de nuire à la sécurité de l'État ont été recensés dans le 9-3, sur un total de 19 745 sur l'ensemble du territoire…

Un rapport sensible, donc, et puis une vilaine porte blindée. À Bobigny, dans les locaux de l'hôtel de police, cette porte bien solide est le stigmate d'un rendez-vous manqué. Fermée trop souvent, étanche, elle sépare les deux antennes départementales du renseignement ; celle, territoriale, dépendant de la préfecture de police de Paris (PP), et l'autre, liée au renseignement intérieur du territoire, la Direction générale de la sécurité intérieure (DGSI), c'est-à-dire le contre-espionnage français. C'est qu'en 2008, le grand, l'antique service des Renseignements généraux a explosé en vol et s'est scindé en deux, sous l'effet de la réforme Sarkozy.

Il a fallu installer un sas.

Ou plutôt, une séparation formelle, cloisonnée.

Un seul enquêteur au STR 93, et aucune entraide interservices.

Voilà, résumée, la situation policière qui a perduré en Seine-Saint-Denis au niveau du renseignement pendant trop longtemps.

Pierre Biancamaria la connaît bien, cette satanée porte. Trente-cinq ans passés aux RG, 90 % de son temps dans le 9-3, ça vous forge un policier. Il vient de prendre sa retraite, porte toujours beau, parle fort. Un policier retraité demeure un policier, c'est comme ça. On croit parfois déceler quelques relents islamophobes dans son discours, quand il se lâche. Trop d'acrimonie, peut-être le sentiment d'un gâchis irresponsable. Le renseignement, quand on se sent inutile, incompris, visionnaire mais impuissant, ça vous déglingue.

Il a beaucoup à dire, Biancamaria.

Mais les réseaux djihadistes, le terrorisme, ce n'est pas le propos de ce livre. Ni vraiment le boulot des ex-RG, d'ailleurs. Non, le seul sujet, c'est la montée d'une islamisation insidieuse, l'existence de signaux faibles, de ceux qui font réfléchir à une évolution de la société française, et à ses dérives.

Pour détecter cela, il faut d'abord être connecté à la vraie vie sociale, celle des comités d'entreprise, des syndicats, des mairies…

C'était l'ordinaire des RG, remplacés en 2008 par le SDIG, puis le SRT, voire le STR – l'administration policière raffole des acronymes –, ces fonctionnaires zélés, parfois blasés, mais qui prenaient mieux que personne le pouls d'une société. Biancamaria était l'un d'eux, jusqu'à finir adjoint du patron du Service du renseignement territorial du 9-3, de 2009 à 2015. Des sous-espions, en quelque sorte, dépourvus de tout, relégués aux tâches obscures, mais qui connaissaient le terrain et avaient l'envie. Il a vu passer quatre chefs de service. Il a tout vu, en fait. Il est en colère. On peut prêcher pour sa paroisse sans déformer la réalité.

Car la surveillance des mosquées ne suffit plus, maintenant. Les islamistes se retrouvent ailleurs : réunions d'appartement, réseaux sociaux, messageries cryptées… Le Graal des services de renseignement est donc l'identification de signaux faibles. Mais ces signaux ne peuvent venir que de l'exploitation de sources humaines, du terrain. Comment faire, quand tout est paralysé, enkysté ?

La police de renseignement, dans le 9-3, c'est l'histoire d'un fiasco.

« J'ai commencé à travailler sur l'islam radical en 1989, raconte ce policier historien. Très vite on s'est aperçus, dès le début des années 1990, que l'on avait affaire à certains responsables associatifs particulièrement virulents et radicaux. On rencontrait même, parfois, des convertis tel le responsable d'une association en charge de la certification halal, qui nous répétait à l'envi qu'un jour ou l'autre, la France serait une terre d'islam (*Dar al-Islam*). Quand vous commencez à faire remonter un tel rejet de la France, vous vous dites que, logiquement, les autorités vont prendre conscience du problème, eh bien non, pas autant qu'il aurait fallu, on voit le résultat aujourd'hui. »

Que s'est-il passé, d'un point de vue administratif ? Tout simplement plusieurs réformes successives, qui ont creusé la séparation, entretenu des rivalités.

Et laissé le champ libre.

« Il ne faut jamais perdre de vue que la suppression des RG, en 2008, a été une très grave erreur dont nous payons toujours les conséquences, assure le policier. La DST, devenue DCRI [Direction centrale du renseignement intérieur], puis DGSI, a récupéré 70 % des fonctionnaires RG. En Seine-Saint-Denis, pour ceux qui avaient choisi de rester au sein du renseignement territorial façon RG, nos effectifs ont été laminés alors que la plus grosse partie de nos missions ont été maintenues. Nous avons également perdu ce qui constitue la force d'un service de renseignement, la mémoire. En effet, peu avant que la scission soit effective, courant 2008, le FRG [fichier des RG] qui était voué à disparaître, a fait l'objet d'un tri exécuté dans la précipitation. L'objectif était de transférer à la DCRI tous les dossiers de sa compétence (islam radical, extrémismes…) et que l'information générale ne conserve que les dossiers liés au quotidien : social, Éducation nationale… »

« Il nous a même été demandé de ne plus travailler sur l'islam »

Biancamaria a tout gardé en mémoire. Déformation professionnelle, sans doute. « On nous a donc envoyé un fichier Excel rassemblant toutes les personnes qui avaient attiré l'attention, un jour ou l'autre, de notre service en Seine-Saint-Denis, raconte-t-il posément. Il a fallu les classer une par une dans l'un des domaines de compétences de la DCRI, ou bien dans ceux de l'information générale. Parfois la répartition s'est faite au doigt mouillé, mais, le plus grave, c'est qu'il nous a été demandé d'opérer un distinguo entre islam de France dit modéré et islam radical. Six mois plus tard, on a dû supprimer de nos données les informations sur les musulmans radicaux, récupérées par la DCRI. Dans la foulée de la scission, il nous a même été demandé de ne plus travailler sur l'islam. »

C'est à cet instant du récit que Biancamaria s'énerve : « La répartition entre l'islam radical et l'islam de France dit modéré était une vue de l'esprit pondue par des personnes qui ne comprenaient rien au renseignement et encore moins à l'islam ! Tout cela a été fait en dépit du bon sens. »

Des années de mutisme, d'immobilisme, de doublons, de guerre d'ego ont fragilisé la lutte contre la montée de l'islamisme et sans doute hâté la propagation du salafisme en Seine-Saint-Denis.

Manque de moyens et d'effectifs, absence de coopération et échange d'informations insuffisant entre le renseignement territorial et le renseignement intérieur… Les dysfonctionnements des services de renseignements du département, pointés à la suite de l'attaque du Stade de France et de l'assaut de Saint-Denis, ne sont toujours pas réglés.

Le commissaire Guillaume Ryckewaert a dirigé le Service territorial du renseignement de Seine-Saint-Denis de 2010 à 2013. Il a donc été le patron de Biancamaria, et il souscrit à ses propos. Complètement. Lui aussi a assisté aux premières loges à la montée de l'islamisme dans le département, à la difficulté pour ses directions successives de s'adapter à l'appréhension des signaux faibles ainsi qu'à l'évolution de la menace terroriste.

Il en rirait presque aujourd'hui. Mais de rage. Songez donc : la direction du renseignement à Paris a commencé à communiquer par mail avec les autres services en 2011-2012.

Avant, elle envoyait des fax.

Tout allait dans ce sens, y compris les autorisations d'enquêtes. « Le Service territorial du renseignement du 9-3 n'avait pas compétence administrative directe pour travailler sur l'islam radical de 2009 à 2015 », relève Ryckewaert. C'est pourtant ce type de service, implanté dans le corpus social, qui est en pointe pour repérer les premiers signes de radicalisation, dans les mosquées, entreprises privées, associations, services publics… Guillaume Ryckewaert, désormais délégué national des commissaires de police au syndicat des cadres de la Sécurité intérieure (SCSI), le reconnaît : « Clairement, pour qu'un service de renseignement soit efficace, il faut qu'il anticipe (y compris sur plusieurs années), "tisse sa toile", favorise un renseignement de proximité. »

Tout ce travail réalisé auparavant par les RG du département a été anéanti en quelques mois. Lors de sa prise de fonctions, en 2010, Guillaume Ryckewaert n'avait pas pour mission de travailler sur l'islam radical et cette situation a duré jusqu'en 2015. Le tournant dans l'approche des services de renseignements date donc de 2015, avec l'attentat contre *Charlie Hebdo* en janvier, et une réelle prise de conscience. Mais, pour les vraies mesures concrètes, il a fallu attendre les actes barbares du 13 novembre 2015. « C'était un dilemme pour moi, se remémore Ryckewaert. Mon service départemental, le STR 93, avait des moyens de fortune pour suivre la montée de l'islam radical. Ma direction n'en faisait pas une priorité ni même un objectif. »

La Direction du renseignement de la préfecture de police (DRPP) et son dirigeant de l'époque René Bailly, autorité de tutelle du STR 93, ont préféré, dit-il, recentrer le travail de renseignement des anciens RG sur des missions de sécurité publique : le suivi de la vie sociale (grèves, extrémistes…) ou les violences urbaines sur le département (Éducation nationale, entreprises…). Le renseignement parisien a centralisé toute la thématique « islam radical » sur Paris, sans implanter d'antennes locales dans la petite couronne. Ce choix a sacrifié le renseignement de proximité sur la durée, et donc la remontée d'informations.

Pourtant, dès avril 2010, le commissaire avait alerté ses supérieurs sur la nécessité de suivre plus attentivement la montée de l'islamisme dans le département. Le bras de fer a démarré dès la prise de fonctions du duo à la tête des renseignements territoriaux de Seine-Saint-Denis. Guillaume Ryckewaert, alors tout nouveau chef de service, a voulu créer un groupe d'agents spécialisés, formés pour repérer les premiers signes de radicalisation et anticiper d'éventuels passages à l'acte. Refus immédiat de la DRPP. « Je ne suis pas un forcené de la spécialisation mais il faut un minimum de connaissances, d'investissement et de moyens sur un sujet comme l'islam », analyse Pierre Biancamaria.

« J'ai travaillé contre l'avis de ma direction »

Il a fallu attendre trois attentats majeurs dont un dans le département, celui au Stade de France, pour revenir sur cette décision. Malgré l'affaire Merah en 2012, puis, trois ans plus tard, l'attaque visant *Charlie Hebdo* et les attentats du 13 novembre, ce groupe islam n'a été créé que mi-2016. « Les services de renseignement du 9-3 ne travaillaient pas directement sur l'islam radical de 2010 à 2013, voire presque 2015, accuse aujourd'hui le commissaire Ryckewaert, alors même que c'est le principal département "musulman" de France. En Seine-Saint-Denis, mon service de renseignement avait vocation à traiter des aspects sociaux, les grèves, PSA, L'Oréal, l'Éducation nationale... Moi j'ai travaillé dessus quand même, mais contre l'avis de ma direction parisienne. J'étais en lien directement avec le préfet Christian Lambert [préfet du 93 de 2010 à 2013] sur cette question. C'est lui qui m'avait demandé de travailler dessus, mais il n'était pas mon autorité de tutelle normalement. Et j'avais détaché un agent à temps plein sur la question. »

Dès cette époque les relations se sont tendues entre le service décentralisé et la direction parisienne (DRPP). « À partir du moment où nous avons été récupérés par la DRPP, nous avons été considérés comme quantité négligeable », souligne Pierre Biancamaria. Une réunion assez houleuse s'est même tenue en 2011 en présence d'un sous-directeur de la DRPP chargé de l'information générale – toujours en poste –, du commissaire Ryckewaert et de son adjoint. « Ce grand visionnaire était venu nous assommer de platitudes pour nous demander de travailler sur les lycées et les collèges alors que la situation sur l'islam était déjà très tendue », fulmine l'ancien adjoint du STR 93 aux cheveux grisonnants.

René Bailly, l'ancien patron de la DRPP, a répondu à nos sollicitations, niant toute erreur d'appréciation du danger. « Je n'ai pas sous-estimé la menace du terrorisme islamiste. J'ai alerté dès mon arrivée le préfet de police Michel Gaudin de ce manque. Et nous n'avons jamais autant développé cette thématique, par des groupes de travail à la DRPP, que durant mon action. Dès les années 2009-2010, j'ai recruté 60 à 80 fonctionnaires supplémentaires pour la petite couronne chargée de l'islam. Vous savez, on est toujours critiqué, surtout quand on est à la retraite. »

Le démantèlement des RG, en tout cas, a compliqué le travail des préfets. À sa prise de fonctions en Seine-Saint-Denis en avril 2010, le préfet Christian Lambert, ex-policier de haut rang (il a notamment dirigé le Raid), est monté au créneau. Très proche des élus du département, il entend leur inquiétude, quant à l'implantation de mosquées clandestines, d'écoles coraniques, aux changements de comportements observés au sein de la communauté musulmane. Lui aussi dénonce la montée de l'islam radical dans son département.

Mais l'antenne locale de la DGSI ne l'a pas aidé. Toujours cette fameuse porte blindée… Le secret était tel que les propres noms des agents des renseignements intérieurs du 9-3 étaient cachés à leurs collègues du renseignement territorial ! Dorénavant, ils devaient se comporter en étrangers alors que la plupart de ces agents cohabitaient dans les mêmes bureaux avant la réforme des RG. Surréaliste.

Le manque de communication et la centralisation parisienne étaient tels au sein de la DGSI et de la DRPP que certaines informations du siège de la DGSI à Levallois-Perret (Hauts-de-Seine) parvenaient à Guillaume Ryckewaert et son adjoint via la DRPP, alors que la DGSI 93 n'était pas encore dans la boucle.

Du coup, pour plus d'efficacité, le préfet Christian Lambert prend l'habitude de sauter régulièrement l'échelon de la DRPP dans la prise de décision. C'est, par exemple, à sa demande qu'un agent a très rapidement été détaché à plein temps sur le suivi de l'islam radical dans le département. Nous avons rencontré ce fameux fonctionnaire, il n'a pas souhaité être cité, raison pour laquelle nous ne reproduisons pas ses propos.

Mais il a confirmé la situation locale, intenable. Et sa solitude. « Seul le préfet Lambert a tenu à assurer un suivi de l'islam radical sur le département », confirme Guillaume Ryckewaert. « La DRPP n'appréciait pas que nous travaillions sur l'islam, c'était leur chasse gardée alors qu'il y avait de quoi faire dans le 93 », regrette son adjoint au STR 93. Les services de communication de la DRPP et de la DGSI 93 n'ont pas donné suite à nos demandes d'interview.

Les conséquences de cette fracture sont gênantes. L'une des affaires les plus emblématiques reste celle du groupuscule islamiste Forsane Alizza, un groupe radical suspecté de prôner le djihad armé. Le groupuscule créé en août 2010 dans la région nantaise a une antenne en Seine-Saint-Denis. En 2011, il organise une manifestation à Pantin, puis une autre à Aulnay-sous-Bois, brûlant un code pénal. Il met en place des réunions publiques au cours desquelles sont tenus des propos ouvertement antisémites et développe un discours de haine sur YouTube et Facebook, selon plusieurs sources de la DRPP et de la DGSI. Résultat, côté policier ? Aucune arrestation, rien. Pourtant, dès 2011, le STR 93 signale à la DRPP la constitution d'une cellule terroriste dans le département. « L'époque était alors propice à la peur de l'amalgame entre musulman et islamiste radical, avec peu de fermeté dans ce domaine, malgré l'absence de déclaration de manifestation », raconte Guillaume Ryckewaert. Il a fallu attendre l'affaire Merah pour que l'État s'occupe de la dissolution de cette cellule. Seulement six jours après la mort de Mohamed Merah, le 28 mars 2012, Forsane Alizza était enfin démantelé par le ministère de l'Intérieur.

Son chef, Mohamed Achamlane, a été condamné le 10 juillet 2015 à neuf ans de prison ferme par le tribunal correctionnel de Paris pour « association de malfaiteurs en relation avec une entreprise terroriste ».

Mais que de temps perdu. Et de manque de soutien.

« En trois ans, je n'ai pas reçu de signalements ou de lettres de dénonciation, même anonymes, de fidèles concernant des propos haineux dans telle ou telle mosquée, malgré des sources concordantes en ce sens pour quelques-unes », regrette Guillaume Ryckewaert. L'infiltration des mosquées est plus délicate du fait de la méfiance d'une partie de la communauté musulmane et d'un esprit communautaire particulièrement fort. En outre, le STR 93 a été obligé de recruter parmi les gardiens de la paix après la disparition des RG. Or, un gardien de la paix, en général tout juste détenteur d'un bac, n'est absolument pas formé pour le renseignement, à la différence d'un enquêteur ayant fait au minimum trois ans d'études supérieures par exemple. « La réforme de 2008 nous a tirés vers le bas. On a recruté des gens pas opérationnels et on a pris beaucoup de temps pour les former », renchérit Pierre Biancamaria. Un bon fonctionnaire de renseignement doit bâtir, petit à petit, avec le temps, un tissu relationnel d'indicateurs qui va lui permettre de drainer vers lui toutes sortes d'informations. Beaucoup de nouvelles recrues n'ont pas été à la hauteur.

« Franchement, oui, j'étais content de partir »

Guillaume Ryckewaert reproche à sa direction de l'époque de ne pas avoir su, ou voulu, adapter le fonctionnement des services de renseignement afin d'appréhender la nouvelle nébuleuse islamiste : « La DRPP n'a clairement pas anticipé. Dans les méthodes, le renseignement français est trop cloisonné, il fonctionne trop à la note écrite, revue et corrigée par plusieurs échelons de directions départementale et centrale qui parfois veillent plus à la police de caractère qu'au contenu de la note, ce qui fait perdre en spontanéité et culture du risque dans son exploitation. »

Aucune réforme du renseignement n'a été entreprise après les attentats de 2015 et 2016. Pour Ryckewaert, la responsabilité est également politique. « Avec 200 morts dans de multiples attentats, un directeur du renseignement n'aurait-il pas dû rendre des comptes ? », s'interroge-t-il. Le pouvoir politique, pris de court par les attaques terroristes, a préféré conforter le système existant, s'appuyant sur lui, faute d'alternative à court terme sans doute. « Ils ont préféré des mesures tranquillisantes pour la population – recrutement d'effectifs, opération Sentinelle… – sans penser en profondeur l'adaptation de l'organisation et de la doctrine du renseignement. »

De guerre lasse, le commissaire Guillaume Ryckewaert a fini par quitter le 9-3. En laissant derrière lui pas mal d'illusions. « Franchement, oui. J'étais content de partir, reconnaît-il. Et quand on voit ce qu'il se passe après, ça crée d'autant plus de frustration, et l'envie de dire les choses, aussi. » Il n'épargne pas les responsables politiques du département, au passage. Pointés pour leur attentisme. Leur volonté, parfois, de balayer la poussière sous le tapis. « Il y a des élus qui nient l'existence de l'islam radical. On avait vraiment une différence entre la parole publique et la parole privée de ces élus dans certains partis, comme au PS. Il y avait un déni de réalité dans certaines communes. »

C'est ce déni qui a fini par écœurer le commissaire Guillaume Ryckewaert. Dans le département, il est loin d'être le seul.

12.

Le guérisseur

Un pavillon sans âme, coincé entre le centre commercial Rosny 2 et la mosquée Al-Fath Aman. Une jeune femme voilée surgit, accompagnée d'un vieil homme. Ils s'approchent d'une imposante porte cochère en bois. Depuis dix ans, Soufian Gharbaoui habite, avec son épouse, au numéro 140 de la rue de Brément, à Noisy-le-Sec. C'est là qu'il a décidé d'installer son cabinet de *roqya chariya*, le nom d'une médecine prophétique en plein essor.

Une médecine « alternative », entre charlatanisme et islamisme, dont le succès croissant illustre l'expansion en Seine-Saint-Denis du courant le plus rétrograde et obscurantiste de l'islam. Au cours de notre enquête, nous avons relevé plus d'une trentaine de cabinets pratiquant la *roqya* sur le département. Leur nombre exact est impossible à évaluer, cette pratique n'ayant pas d'existence officielle. Elle se diffuse essentiellement par le bouche-à-oreille et via les forums prisés par la communauté musulmane.

Accéder en tant que journaliste au cabinet de Soufian Gharbaoui, comme à ceux de ses « collègues » praticiens, relevait de la gageure. Il a fallu tricher, un peu.

Mais, avant d'aller enquêter sur le terrain, on s'était renseignés. « Cette médecine consiste à réciter plusieurs fois certains versets coraniques pour se libérer d'émotions négatives ou se délivrer d'une force extérieure comme le mauvais œil ou les djinns, des êtres surnaturels qui possèdent le corps et l'esprit de l'homme », nous avait expliqué la chercheuse Hanifa Touag spécialiste de la *roqya* à l'université de Louvain. Et d'ajouter : « Il est important de la resituer dans le contexte anthropologique de l'Arabie du VIIe siècle, où les croyances dans la magie et la sorcellerie faisaient partie de l'esprit tribal de cette époque. »

Des siècles plus tard, Soufian Gharbaoui détient le prestigieux titre de *raqui* : le terme désigne un médecin exorciseur capable de détecter l'envoûtement maléfique dont le patient est l'objet, mais aussi et surtout de le réduire à néant. Cette spécialité n'a bien sûr aucune existence légale, mais le succès aidant, elle s'est pourtant professionnalisée il y a une dizaine d'années, avec l'ouverture de cabinets. Certains praticiens s'enregistrent comme magnétiseurs ou voyants, mais la plupart, tel Soufian Gharbaoui, préfèrent agir dans la discrétion. Son cabinet n'est référencé nulle part, il a fallu prendre rendez-vous par téléphone.

Sous le porche du 140, rue de Brément, on retrouve Mamadou, le « patient » conduit par sa fille. On entre avec eux dans le petit vestibule ouvert sur la cour. La jeune femme se renseigne pour son père auprès de l'hôtesse d'accueil, une femme voilée qui n'est autre que l'épouse de ce drôle de docteur. « Combien de temps durera la séance ? » s'enquiert-elle. Dans la minuscule pièce qui fait office de bureau et de salle d'attente à la fois, la femme de Soufian Gharbaoui se veut rassurante : « On a pris un peu de retard, mais tu peux venir récuperer ton père dans une heure, inch'Allah. » Originaire du Sénégal, Mamadou plie son long boubou sombre et se rassoit tranquillement. Sur une table, des exemplaires d'un livre de Ben Halima Abderraouf, un spécialiste de la *roqya*, vendus 5 euros pièce. Même tarif pour les recueils du coran disposés à côté. Sur son bureau, Mme Gharbaoui tient les registres des comptes et les listings des patients. Le succès semble au rendez-vous : plus un créneau de libre avant plusieurs semaines… Cinq cahiers Clairefontaine bien remplis sont empilés à côté de trois grandes bouteilles d'eau en plastique, de petits packs d'eau minérale également entassés. Sur le bureau, des cartes de visite sont à disposition.

Elles présentent Soufian Gharbaoui comme un spécialiste du « traitement coranique et islamique des problèmes de mauvais œil, sorcellerie, djinns ».

Beaucoup de patients ont pris conseil préalablement auprès de leur imam. Ils ont recours au bouche-à-oreille ou à des groupes Facebook pour trouver « un bon raqui ». « 80 % des appels pour la *roqya* sont des femmes. Je ne donne le contact que de raquis que je connais très bien », explique M'hammed Henniche, secrétaire général de l'UAM93.

L'universitaire Hanifa Touag lie l'émergence de cette pratique au développement du salafisme en France. « Depuis quelques années, des raquis autoformés concurrencent les praticiens traditionnels du rite exorciste en mettant en avant une approche "pure et authentique" de la *roqya*, prétendument plus conforme aux préceptes coraniques, décrypte la chercheuse. Pourtant, le Coran reste vague tant sur la *roqya* que sur ses modalités concrètes. Certains raquis, pour ne pas dire la plupart, sont influencés par une conception puriste et rigoriste de la religion musulmane qu'on appelle le salafisme. Selon eux, la *roqya* doit se réduire à la seule lecture coranique et à l'absorption d'eau coranisée. »

Après nous être renseignés sur des forums dédiés de la communauté musulmane comme Mejliss.com ou Yabiladi.com, il a fallu se rendre à l'évidence : ce milieu est beaucoup trop informel et secret pour être accessible aux curieux. Les réponses à nos appels étaient toujours les mêmes : « Je répugne les journalistes que l'on invite chez nous chaleureusement, qu'on invite à nos tables et nous trahissent en déformant tout dans leurs torchons de reportage », « Je ne parle pas aux hommes »... Face aux nombreux refus, émanant aussi bien de praticiens que de patients, nous n'avions plus qu'une solution : prendre rendez-vous au cabinet de Soufian Gharbaoui, en prétextant des maux de ventre, des insomnies et une fatigue chronique. En omettant, à titre exceptionnel, de décliner notre qualité de journaliste.

« Symptômes très évidents de sorcellerie »

L'attente est longue. Dans le couloir, derrière une fine porte en bois, le raqui est en consultation. L'atmosphère moite et abrutissante de l'après-midi a plongé tout le monde dans une torpeur et un mutisme profonds. Soudain, un cri d'effroi transperce le silence. C'est le hurlement d'une femme, provenant de la salle de consultation. Personne ne réagit dans la salle d'attente. Mamadou se frictionne les mains, le regard légèrement inquiet.

Quelques minutes plus tard, Soufian Gharbaoui débarque enfin. Arborant un large sourire, le trentenaire nous salue tous. Mamadou et Mme Gharbaoui sont priés de sortir, et Soufian s'installe à son bureau. Nous lui expliquons notre statut d'étudiant et les différents maux dont nous souffrons. Le raqui multiplie les questions périphériques : vie sociale, parcours scolaire, capacité de concentration... « Est-ce que vous avez réussi à valider votre année ? Avec la grève, vous avez pu quand même passer les examens ? Est-ce que vous êtes marié ? Non ? Est-ce un choix ? » On explique que les médicaments traditionnels n'ont fait que légèrement soulager nos douleurs abdominales, sans les soigner réellement. « Est-ce que vous avez déjà rêvé qu'on vous poursuit ou qu'on vous agresse ? », nous interroge soudain Soufian Gharbaoui, qui digresse petit à petit : « Rêvez-vous de la mer, de l'eau ? De voler et de tomber de très haut sans jamais vous arrêter ? Rêvez-vous de véhicules, de voiture et de voyage ? » On répond qu'en effet il nous est déjà arrivé de rêver de voitures et d'eau. « Ça m'intéresse », réagit, ravi semble-t-il, le raqui, tout en prenant note de nos réponses dans son carnet. Il nous emmène sur le chemin des souvenirs, de la mort... On confirme avoir déjà souffert de maux de tête, avoir expérimenté sans succès d'autres médecines comme l'homéopathie et la naturopathie.

Triomphant, le praticien livre son verdict : nous avons des « symptômes très évidents de sorcellerie ». Il y a d'abord le mauvais œil, « lorsque quelqu'un vous jalouse et se demande pourquoi les bonnes choses arrivent à vous et pas à lui », comme l'explique doctement Gharbaoui. Et il y a le palier suivant, qui malheureusement nous concerne, la sorcellerie.

Une personne « envieuse » nous aurait en fait jeté un sort, nous révèle le raqui, l'air grave. Devant notre mine dubitative, il insiste. « C'est une chose qui existe, qui est réelle. Des gens sont capables de faire ça, assure l'homme en kamis. Vous me dites que vous rêvez de l'eau et c'est en vérité le symptôme d'un sort qu'on jette dans l'eau, dans la rivière. Il a pour effet que vos projets tombent à l'eau. »

Il a enregistré tout ce qu'on lui a dit précédemment, pour mieux l'interpréter à sa convenance. À l'instar du Dr Knock imaginé par Jules Romains, pour Gharbaoui, tout ce que l'on ressent est potentiellement le symptôme de la maladie. Il nous dépeint maintenant comme frappé par un « manque de motivation », typique des personnes « qui ne croient plus en l'avenir ».

Heureusement, lui a le remède miracle : « L'islam nous donne les solutions à ces problèmes, grâce au Coran et aux méthodes tirées de la médecine naturelle. Parmi ces méthodes-là, il y a la technique des ventouses. Ça fait peur comme ça, mais ce n'est pas méchant... »

L'usage des ventouses ou *cupping* est de longue date répandu, sur tous les continents. Méthode ancestrale venue de Chine, elle est souvent utilisée dans le traitement des problèmes respiratoires, mais aussi en kinésithérapie. Son action antalgique soulage les douleurs articulaires, spécialement en médecine du sport. Aux Jeux olympiques de Rio en 2016, le nageur Michael Phelps avait le corps couvert de plusieurs gros pois rouges, typiques des marques laissées par les ventouses.

En réalité, cette pratique reconnue a peu à voir avec la *hijama* de Soufian Gharbaoui, une méthode d'extraction du sang de la surface de l'épiderme. La technique tire son nom du mot *hijm*, qui signifie en arabe « absorber » ou « extraire ». Le procédé permettrait de créer un effet d'épuration du sang, et ce remède serait même inscrit dans la *Sunna* (la pratique du prophète)...

On entre à présent, légèrement inquiet, dans la salle où quelques minutes auparavant une jeune femme hurlait à la mort. La pièce est spacieuse, mais semble peu hygiénique pour une activité supposément médicale. La consultation, à moins que ce ne soit un exorcisme, peut commencer.

Sur le parquet, un grand tapis, ainsi qu'une paillasse censée faire office de table de consultation. Dans un coin de la pièce, les mêmes livres que ceux exposés dans la salle d'attente. Contre un mur, des tables de classe sont pliées et rangées à côté d'une dizaine de packs d'eau minérale. Soufian Gharbaoui nous demande de retirer nos chaussures et tee-shirt avant de nous faire allonger sur la paillasse, sur le ventre. Le raqui apporte ensuite un plateau sur lequel reposent de petits pots en verre, une tondeuse électrique, des lames de rasoir, du coton et des morceaux de papier.

Pas très rassurant.

« L'islam, c'est croire en Dieu, au prophète Mohammed, croire aux anges »

Soufian Gharbaoui s'empare alors d'une lame de rasoir et réalise de fines coupures, nous lacérant superficiellement le dos. Puis il se saisit d'une ventouse, dans laquelle il place un morceau de papier qu'il enflamme avec un briquet pour y raréfier l'air, et d'un geste rapide applique la petite cloche de verre qui aspire et se fixe sur la peau du dos... Une petite saignée pratiquée au mépris des règles d'hygiène les plus élémentaires, semble-t-il. Une pratique moyenâgeuse, destinée à « enlever le sang mauvais », comme l'explique très sérieusement le raqui. Nous avons désormais trois ampoules vissées sur le dos et deux autres sur les mollets. Après avoir posé toutes ses ventouses, le raqui nous recouvre d'une épaisse couverture noire qui traînait sur le tapis poussiéreux, faisant office de paillasson pour pieds humides... La chaleur dans la pièce est étouffante.

De l'autre côté de la porte mal insonorisée, une jeune fille s'entretient avec la femme de Soufian Gharbaoui. Elle s'appelle Chloé. *A priori*, il s'agit de la personne qui hurlait tout à l'heure. Elle évoque ses problèmes familiaux, ses angoisses... Elle semble perdue, avoue avoir déjà pensé au suicide. « J'ai même vu un prêtre, je ne sais pas quoi faire, je me pose des questions », s'excuse presque l'adolescente désemparée face à son interlocutrice voilée. L'épouse de Soufian Gharbaoui la réconforte, la conseille sur l'interprétation de ses cauchemars et de ses peurs. La conversation est difficilement audible, masquée par le flot continu des versets du Coran désormais récités par le raqui. Combinés à la pose des ventouses, ces psalmodies sont censées faire office d'« antidote » au mauvais esprit qui habite le malade…

De l'autre côté de la fine cloison, le désarroi de la jeune fille, qui doute même de sa foi, est palpable. Une aubaine pour la femme du raqui, bien décidée à pousser son avantage : « L'islam, c'est croire en Dieu, au prophète Mohammed, croire aux anges, croire à la destinée… C'est ça l'islam, et sans même que tu le dises, tu es déjà musulmane, tu comprends ce que je veux te dire ? »

Empruntant maintenant un ton maternel, la femme du praticien guide l'adolescente. « On pourra voir ensemble si tu veux faire la *chahada* », lui propose-t-elle. C'est la récitation de la profession de foi islamique, qui fait office de conversion. La jeune adolescente repart, entourée de ses parents.

Pour nous, la *roqya* est terminée. La récitation des versets du Coran aura duré plus de trente minutes. Soufian Gharbaoui ressort de la salle. Il dépose les ampoules et autres cotons imbibés de sang directement dans le lavabo des toilettes. Le traitement prescrit par le raqui est drastique. L'ordonnance, identique pour chaque patient, remplit une page recto verso. « Vous allez acheter 18 bouteilles d'eau de 1,5 litre. Puis vous allez verser un tiers de chaque bouteille dans une bassine en y déposant la feuille de Coran qu'on vous a donnée, dicte le raqui. Laissez tremper la feuille dans la bassine pendant une heure, essorez-la et remettez l'eau dans les bouteilles. » L'eau doit être vaporisée dans la maison, « dans chaque recoin », pour « chasser la sorcellerie ». On se voit également remettre une boîte de cônes d'encens pour s'embaumer le corps de fumée tous les soirs pendant douze jours très précisément. En « cadeau » aussi, un sachet de tisane à boire avec l'eau coranisée.

Le prix de la séance individuelle s'élève à 50 euros. C'est le tarif moyen pour ce genre de « soin ». Certains cabinets proposent des séances collectives au prix de 20 euros par personne. Incontestablement, la *roqya* est devenue un business lucratif, mais faire payer une activité religieuse ne fait pas l'unanimité. Pour l'association cultuelle des Musulmans de France (ex-UOIF) par exemple, la *roqya* est une pratique individuelle qui doit se faire chez soi et non pas devenir une activité commerciale.

Surtout, cette pratique est propice à toutes les dérives. Des raquis vont jusqu'à faire boire 20 litres d'eau d'un coup à leurs patients pour expulser le démon en les faisant vomir ! Au risque de provoquer des œdèmes cérébraux... En décembre 2017, aux Pavillons-sous-Bois, une séance de *roqya* a ainsi tourné au drame. Une patiente de 47 ans, mère de cinq enfants, est morte dans un cabinet illégal après avoir ingurgité une vingtaine de litres d'eau coranisée.

Certains frappent même leurs patients avec un bâton ou une ceinture pour faire sortir les soi-disant mauvais génies. On va jusqu'à les étrangler ou les électrocuter au taser, au nom d'Allah.

M'hammed Henniche lui-même dénonce l'existence d'« attouchements sur les femmes » et même des viols, « des actes complètement en contradiction avec les textes sacrés ». Des plaintes sont parfois déposées, comme celle ayant visé un praticien de La Courneuve, mais elles restent rarissimes. « Ce qui est de l'ordre du culte reste dans les lieux de culte, c'est comme la pédophilie dans l'Église : avant d'aller au commissariat, il y a un cap difficile à franchir », explique Noam Ikene, du syndicat VigiPolice.

L'État peine à prendre la mesure du phénomène. Serge Blisko, président de la Mission interministérielle de vigilance et de lutte contre les dérives sectaires (Miviludes) explique recevoir seulement « deux ou trois signalements par an » sur cette question. « Mais ce sont davantage des demandes d'information » que des signalements de dérives, indique l'ancien député. L'Agence régionale de santé de Seine-Saint-Denis comme l'ordre des médecins du département nous ont précisé connaître ces pratiques, mais n'avoir aucun élément précis à nous communiquer. Le président de la commission « Exercice professionnel » de l'ordre des médecins du 93, Patrice Fournier, assure ainsi n'avoir « jamais travaillé sur cette pratique jusqu'à aujourd'hui ». Jusqu'à aujourd'hui...

Mais demain ?

13.

La businesswoman

Une simple liste circulant sous le manteau. On se la refile entre conseillers de la mission locale de Sevran. Une liste noire, en fait. Elle comptait, début 2018, six associations, auxquelles on n'adressera surtout pas de jeunes en recherche de jobs. Pas question. Car même si ces associations utilisent allègrement le système des « emplois d'avenir » mis en place par l'État, en réalité on n'y travaille pas.

Ou, plus exactement, on y perfectionne sa lecture du Coran, entre musulmans. Grâce au budget de l'État.

On sait tout cela, à la mission locale de Sevran-Tremblay-en-France-Villepinte. Un bâtiment de trois étages, avec vue sur des cités. Ici, on est directement en prise avec le public, ces jeunes de 16 à 25 ans en galère, à la recherche d'emploi. Avant, la prière, le ramadan ou le voile n'étaient pas des obstacles pour dénicher un job. C'est devenu beaucoup moins simple, ces dernières années. La religion a fait son trou.

Voici un bel exemple. Où business et religion s'allient.

Nadine Dendani a accepté de nous convier aux portes ouvertes de son entreprise, Dine Consulting, à

Noisy-le-Grand. Créée en 2014, la société de quatre salariés se définit comme un « cabinet de gestion d'entreprise, de la stratégie marketing ou financière, à l'identité visuelle, au développement commercial ».

« Je travaille avec tout le monde, tant que ça respecte mon éthique », précise Nadine Dendani, les cheveux couverts d'un simple fichu. La patronne de Dine Consulting ne cache pas la dimension « islamo-compatible » de son activité. Elle refuse par exemple de travailler avec des restaurants qui servent de l'alcool. « Même chose si le restaurant n'est pas halal. » Mais cette femme à poigne, au langage de diplômée d'école de commerce, préfère mettre en avant ses projets avec des applications digitales et des ateliers de cuisine. « On fait des *business plans*, de la réflexion, de la stratégie financière, pour une bonne gestion de l'entreprise. »

Et pourtant, « des gens m'ont demandé si je faisais du conseil religieux », sourit cette Française originaire d'Algérie. La question peut effectivement se poser. Dans ses locaux de 70 mètres carrés, nous rencontrons une trentaine de personnes, à 90 % des femmes voilées ou des hommes à la barbe hirsute, venus présenter leur parcours dans l'entreprenariat. De la vendeuse de bijoux au dirigeant de start-up spécialisée dans les boissons bio.

Pour faire la promotion de son entreprise, Nadine Dendani écume les salons communautaires du 9-3. Elle connaît bien ces filles qui refusent d'enlever le voile mais qui veulent quand même travailler. « Il y a plus de femmes voilées qui se lancent, ça c'est sûr. Je le vois depuis quatre ans. On voit aussi plus d'entrepreneurs, plus d'événements dessus. C'est une vraie explosion », s'enthousiasme-t-elle, rappelant au passage que la Seine-Saint-Denis est l'un des départements de France où la création d'entreprise est la plus forte.

« À partir du moment où je porte le voile, je sais que c'est mort pour trouver du travail »

L'évolution que Nadine Dendani décrit est impossible à quantifier. Mais elle se vérifie sur le terrain. À 30 ans, Sarah arbore un voile rose couvert de perles nacrées. Elle est venue aux journées portes ouvertes de Dine Consulting pour « réseauter » et faire la promotion de sa toute nouvelle société, Sanaz. Elle propose des bijoux dans un style très oriental. Il y a quelques années, cette diplômée d'école de commerce plonge dans le monde de la finance. Tête découverte à l'époque, elle raconte avoir été victime des regards suspicieux de ses collègues qui lui demandaient pourquoi elle ne buvait jamais d'alcool lors des afterworks. Se sentant oppressée – elle suspecte sa hiérarchie de consulter ses mails – alors qu'elle s'engage plus intensément dans des associations humanitaires islamiques, la jeune femme préfère démissionner. C'est à ce moment-là qu'elle se met à porter le voile. Elle ne le retirera plus.

« Ça fait partie de moi, assume-t-elle. À partir du moment où je porte le voile, je sais que c'est mort pour trouver du travail. Enfin, si l'on ne veut pas travailler chez H&M ou Ikea, ni devenir secrétaire à domicile, il n'y a qu'une solution : l'entrepreneuriat. »

Sarah préfère travailler en accord avec ses convictions, quitte à renoncer à ses ambitions professionnelles.

Diplômée en finance, titulaire d'un CDI, elle opte pour la vente de bijoux qu'elle réalise à son domicile. Pourquoi ne préfère-t-elle pas plutôt faire de concessions ? « Ça n'aurait plus de sens si je devais enlever le voile au travail. Je ne le porte déjà pas chez moi. À quoi ça sert de porter le voile juste sur le chemin du travail ? Porter le voile juste dans un bus, ça n'a pas de sens. »

Nadine Dendadi voit souvent des filles comme Sarah : « Les personnes que je rencontre, elles ont toutes des masters. Elles sont bien diplômées. » La directrice de Dine Consulting parle de l'avenir avec délectation : « C'est devenu une culture de vie. Je vois que l'âge de ma clientèle baisse. Avant c'était des trentenaires. Maintenant, c'est des jeunes filles de 20, 21 ans. La plus jeune a 19 ans. La génération derrière moi est plus déterminée. Elles portent le voile plus jeunes et ne veulent pas l'enlever. Mais elles veulent aussi s'en sortir professionnellement. Elles sont déterminées à réussir dans la vie et dans la religion. Elles sont sûres de leurs choix. »

Des futures Nadine ou Sarah, les conseillers en voient passer à la mission locale. Sur fond de tensions liées à la religion, qui est omniprésente. L'un d'eux se souvient ainsi d'une collègue, maghrébine mais pas musulmane. Elle était sortie de la mission locale pour aller fumer, pendant le ramadan. La voilà qui se fait insulter par deux jeunes.

– Comment ça, tu fumes pendant le ramadan ?

– Non mais, je ne suis pas musulmane...

– Quoi ?!

Ici, dans les locaux sans apprêt de la mission locale, une dizaine de conseillers placides viennent au soutien de jeunes déscolarisés. Ils relisent leurs lettres de motivation, corrigent les fautes d'orthographe, distribuent des dizaines de prospectus sur des formations de tous types… Mais, de plus en plus, il leur faut aborder un sujet sensible avec certains jeunes : l'islam. L'endroit est connu, quasi maudit : trois des jeunes suivis à la mission locale sont morts au djihad, en Irak et en Syrie.

Pour les Sevranais de moins de 25 ans, peu ou pas qualifiés et rigides sur la pratique de l'islam, la recherche d'un emploi ressemble à une quête de l'impossible. La mission locale de Sevran se félicite d'avoir fait signer récemment des CDI de chargées d'accueil à deux jeunes habitantes du quartier des Beaudottes. Une prouesse, tant la recherche d'emploi dans ce quartier, l'un des plus pauvres du 9-3, relève de la gageure. Mais la victoire est de courte durée. Après quelques mois de travail, elles demandent à leur employeur si elles peuvent porter leur voile au sein de l'entreprise. Une concession inconcevable pour leur patron. Les deux jeunes salariées préfèrent alors démissionner.

Comment une jeune fille qui refuse d'enlever son voile avant d'entrer dans une entreprise peut-elle trouver un travail stable ? Pour ne pas laisser ces adolescentes sur la touche, la mission locale a dû dénicher une solution. Courant 2018, l'organisme a discrètement rédigé une autre liste. Une liste « blanche », cette fois. On n'en parle pas beaucoup non plus. On s'y réfère, simplement. Elle regroupe des entreprises très tolérantes vis-à-vis des signes religieux. En procédant à un recoupement officieux d'informations, les conseillers ont recensé les sociétés qui acceptaient le voile ou la prière sur le lieu de travail.

Désormais, quand une fille avertit qu'elle souhaite garder son voile au travail, les conseillers évoquent H&M ou Ikea, où elle pourrait devenir vendeuse de vêtements ou de meubles en kit sans changer sa tenue. La liste mentionne aussi les grandes surfaces Action, notamment présentes à Saint-Denis et à Bobigny, ou encore plusieurs pharmacies, dont l'une est installée à Sevran.

Ces entreprises ne se vantent pas d'accueillir des femmes voilées. Mais, en Seine-Saint-Denis, l'information circule vite, en dehors des canaux habituels.

La constitution de cette liste dont la légalité semble discutable est le dernier compromis de la mission locale face à la progression de l'islam dans le monde du travail. Désormais, lors du premier entretien face à une fille voilée, le processus est bien rodé. « Votre voile va poser un problème, expliquent les conseillers. Sachez que ça va être un frein. Vous le gardez ? D'accord. Je vous dis juste que ça va être plus compliqué… Vous maintenez ? Pas de souci, on vous accompagne. »

Ici, la règle est la même qu'au McDonald's : « Venez comme vous êtes », lance le conseiller. Les adolescentes voilées ne se découvrent pas quand elles entrent dans ce bâtiment en brique. Quelques-unes se présentent même gantées en plein printemps, vêtus du jilbab. Les quelques hommes qui refusent de serrer la main à leur conseillère ne sont pas renvoyés chez eux. Même si ces dernières tiquent à chaque fois, la priorité reste de soustraire les jeunes aux associations communautaires qui fleurissent dans les environs. Ou de faire en sorte qu'ils ne restent pas chez eux, à languir.

L'apparition de signes religieux à la mission locale progresse réellement depuis une quinzaine d'années. Mais, depuis peu, les jeunes de 16 à 25 ans se montrent plus rigides quand il s'agit de concilier vie spirituelle et vie professionnelle. Avant, les salariés les plus à cheval sur la pratique de l'islam trouvaient toujours un compromis. Ils raccourcissaient leur barbe pour qu'elle convienne à leur employeur. La prière pouvait être reportée à un autre moment dans la journée ou réalisée à la maison. Si l'employé refusait de toucher une caisse d'alcool, un avertissement suffisait pour le faire changer d'avis. Aujourd'hui, les accommodements sont plus compliqués. Pour certains, Allah l'emporte sur tout le reste. Rien ne doit les empêcher de pratiquer leur religion comme ils le souhaitent.

La rigidité dont font preuve les plus jeunes n'étonne guère les conseillers de la mission locale, souvent témoins directs d'incompréhensions entre les parents et leurs enfants. « Tu as vraiment besoin de mettre un voile ? », demandent certaines mères accompagnant leurs filles. L'absence de signes religieux, l'ouverture dont faisaient preuve les anciennes générations, souvent immigrées, tranchent avec la fermeté des plus jeunes, nés en France. « Je pense que mes parents ne sont pas à fond dans la religion, ils ne font pas comme il faudrait », confient souvent des demandeurs d'emploi à leur conseiller.

Les jeunes arborant ces signes religieux sont conscients qu'ils seront regardés avec suspicion par les recruteurs. Un handicap de plus. Les CV des habitués de la mission locale indiquent déjà qu'ils viennent des quartiers nord de Sevran, plus connus pour la quantité et la qualité des stupéfiants qui y sont vendus que pour leur esthétique. La mission locale est installée entre les quartiers des Beaudottes et de Montceleux, où toutes les nuances de gris se côtoient. Des blocs de béton s'effritent sur quinze étages. Quelques paraboles défraîchies demeurent accrochées aux balcons. Les commerces sont rares pour ne pas dire inexistants.

La décrépitude de ce territoire se mesure aussi à l'aune d'indicateurs économiques. Le taux de pauvreté à Sevran est de 30 %, plus du double du niveau national, selon l'Insee. Le taux de chômage est de 17 % (9 % sur l'ensemble du pays) et dépasse même la barre des 30 % aux Beaudottes. Chez les jeunes, la courbe du chômage tutoie les 40 %.

Si les conseillers de la mission locale sont prêts à toutes ces concessions, c'est parce qu'ils ont en tête le succès croissant des sites musulmans de recherche d'emploi. Sur la « muslimosphère », sur des forums communautaires ou des groupes Facebook « entre sœurs », la recherche d'emploi respectant l'« éthique musulmane » s'organise. Des sites comme Deenjob ou Oummawork servent de « Pôle emploi communautaire ». Et proposent des postes d'enseignant dans des écoles privées musulmanes, de coiffeuse dans des salons réservés aux femmes ou encore de garde d'enfants accompagnée parfois de cours d'arabe et de récitation du Coran. Sur la plupart de ces sites, on retrouve des listes d'entreprises réputées « ouvertes » sur les signes religieux, ressemblant à celle constituée par la mission locale.

Le site communautaire le plus fréquenté, Entre-Muslims.fr, fait office de LeBonCoin musulman. Fondée en 2012, la plateforme met en avant des offres de colocations entre « frères » ou entre « sœurs », des meubles, des jilbabs d'occasion ou encore des livres sur la médecine prophétique.

Nadia, 26 ans, se rend quant à elle sur la catégorie « emploi ». Depuis deux ans, elle y fait la promotion de son activité de chauffeur de taxi... réservé aux femmes. Installée à Bagnolet, elle sillonne la Seine-Saint-Denis quotidiennement et conduit des clientes qui ne souhaitent pas côtoyer d'hommes. Nadia a maintenant une bonne clientèle, « jusqu'à dix courses par jour », et gagne l'équivalent d'« un petit Smic ». Selon elle, la raison de son succès est simple : les femmes ont peur d'être agressées. Mais, au bout de quelques minutes de conversation, Nadia le reconnaît : une bonne partie de ses clientes sont voilées et ne veulent pas se mélanger avec l'autre sexe pour des raisons religieuses. La jeune femme, qui a rapidement abandonné ses études de droit, s'est d'ailleurs mise, elle aussi, à porter le voile...

« Astuces pour se connecter sincèrement avec le Coran »

Volonté de ne plus faire de compromis et de se replier sur soi ? Les sites communautaires de recherches d'emploi (dont aucun gérant n'a accepté de nous répondre) se présentent comme une réponse au sentiment de discrimination à l'embauche dont sont victimes les musulmans. La plupart d'entre eux ont une anecdote personnelle sur le sujet. Et tous font le même constat, qui relève de l'évidence : il est bien difficile de trouver un emploi quand on porte une barbe de plus de trois jours, qu'on s'appelle Mohamed et que l'on vient des quartiers nord de Sevran. Un rapport de l'Institut Montaigne de 2015 montre que, à compétences égales, un candidat perçu comme musulman pratiquant a deux fois moins de chances d'être convoqué à un entretien d'embauche qu'un catholique pratiquant.

Conséquences de ces discriminations : les musulmans seraient contraints de se replier sur eux-mêmes et d'aller sur ces sites de recherche d'emploi « islamo-compatibles ».

Mais ces plateformes en ligne produisent du communautarisme. Les gérants de ces sites précisent certes que les postes qu'ils proposent ne sont pas uniquement destinés à des musulmans. Le Code du travail dispose qu'une annonce spécifiant que seul « un frère » ou une « sœur » est recherché pour un poste serait considérée comme discriminatoire. Même si tout le monde peut postuler, dans les faits seuls des musulmans déposent leurs candidatures. Au final, des dizaines d'entreprises dans le 9-3 se retrouvent exclusivement avec un personnel musulman.

Réponse aux discriminations ? Pratique plus rigide de l'islam ? Volonté de repli sur soi ? Une tendance émerge chez les jeunes musulmans de Seine-Saint-Denis : l'entrepreneuriat « islamo-compatible ». Les musulmans, surtout les plus jeunes se mettent à créer leur propre boîte pour travailler et vivre pleinement leur foi. Devenir son propre patron pour garder une longue barbe, prier quand on veut, ne plus enlever le voile… Sur le site EntreMuslims.fr, des femmes proposent ainsi leur service de secrétaire à distance. Autoentrepreneuses, elles travaillent tout en restant chez elles et n'apparaissent donc pas découvertes en public.

« N'ayant pas réussi à trouver un métier qui correspondait à nos compétences et à notre pratique religieuse, nous créons notre propre métier », relève Ilham. En 2013, la jeune femme a fondé Avenue des sœurs, un « blog pratique des femmes musulmanes ». Depuis son appartement, Ilham rédige des fiches pour « vivre l'islam au féminin ». Sur son site, dont la charte graphique à dominante de rose n'a rien à envier à celle d'une start-up, elle donne des « astuces pour se connecter sincèrement avec le Coran ». Inspirée par des blogs de femmes actives et branchées, elle montre comment mener une vie saine en mangeant bio, et présente les bienfaits du jeûne et de l'huile de carotte. Elle prodigue aussi ses conseils shopping en faisant de la publicité pour des magasins de vêtements religieux (jilbab, hidjab, burkini…).

La jeune femme répertorie également les « jolis projets de la Oumma », la communauté des musulmans. Ilham fait la promotion d'événements ouverts uniquement aux femmes. Presque chaque week-end en Seine-Saint-Denis se tient un de ces salons interdits aux hommes, regroupant « espace shopping » avec vente de voiles de toute taille, stand de tatouages au henné et promotion de livres intitulés *Comment être une bonne épouse ?* Quelques-uns de ces salons comprennent également des conférences dédiées aux femmes qui souhaitent se lancer dans l'entrepreneuriat.

Le 21 avril 2018 à Drancy, s'est tenu le salon Entreprenons et vous ?. Sur le papier, la journée ressemble à un salon de start-up. Des « porteurs de projets » tiennent des conférences : « Bien choisir son statut juridique selon son activité » ou encore « Business : prévenir et guérir avant de se lancer ». Seulement, le salon comporte quelques particularités : la centaine de participants sont toutes des femmes. L'écrasante majorité est voilée, souvent vêtue d'un jilbab. Les conférences sont entrecoupées de prières.

L'invité d'honneur de cette journée à Drancy était Couture entre sœurs, un bon exemple d'entreprise communautaire, uniquement constituée de femmes voilées. La petite société propose des formations en ligne de couturières. Les « sœurs » peuvent donc apprendre à coudre une abaya ou une cape de jilbab tout en restant à leur domicile. Sur les vidéos, les formatrices et leurs modèles apparaissent en jilbab. Leur visage est flouté afin qu'aucun centimètre carré de leur peau n'apparaisse.

Une association basée à Rosny-sous-Bois connaît aussi son petit succès local dans le domaine de l'aide à la recherche d'emploi. Agir+ propose aussi bien des cours de soutien scolaire que des cours d'arabe ou des séances de cross-fit pour femmes. Elle organise régulièrement des rencontres avec des responsables des ressources humaines pour améliorer son CV et préparer un entretien d'embauche. Le 14 avril 2018, Agir+ tenait une conférence sur l'« entrepreneuriat au féminin », où des femmes venaient raconter leur manière de concilier vie spirituelle et vie professionnelle. La rencontre avait lieu dans la mosquée de Rosny. Agir+ est en fait le pendant culturel de l'association cultuelle des musulmans de Rosny. Interrogés sur son activité et sur sa potentielle concurrence avec la mission locale de Rosny, les dirigeants de l'association n'ont pas souhaité nous répondre.

À ce rythme, la petite « liste noire » de la mission locale de Sevran pourrait comporter très vite d'autres noms d'associations où l'on pratique l'entre-soi. L'autre nom du communautarisme.

14.

L'imam

Des poupées sans visage, des instruments de musique proscrits, des jeunes filles voilées... Personne n'y trouve rien à redire, et pourtant. Le groupe scolaire Al-Andalus, au cœur de la ville de Saint-Denis, enseigne les préceptes salafistes.

Un jilbab noir, cette longue tenue saoudienne prisée des fondamentalistes, fait son apparition. Puis un deuxième, et encore un troisième. Les voiles ne laissent apparaître que le visage et les mains d'un groupe de femmes entourées d'enfants. Légèrement déconcertant aux yeux du profane, le ballet se joue au bout de l'étroite rue Jean-Baptiste-Clément, à l'écart du centre-ville de Saint-Denis, dans un bloc de pavillons serré entre une cité et des terrains vagues.

Silence.

Non loin de là, comme un grondement sourd ; on devine la nationale. Rien ne laisse penser qu'une école se niche dans le quartier. C'est là, au pied d'un carré de béton sans fenêtre, que des mères déposent chaque matin leurs enfants dans cette école pas comme les autres. Vers 8 heures, les gamins s'engouffrent, sous l'œil vigilant de leurs mamans voilées, dans l'établissement privé Al-Andalus. En arabe, le terme désigne les territoires espagnols et du sud de la France qui furent, entre le VIIIe et le XVe siècle, sous domination musulmane.

La toute première école musulmane hors contrat – n'ayant pas signé d'accord avec l'État et disposant d'une grande liberté dans l'établissement des programmes et le choix des méthodes pédagogiques – de Saint-Denis se présente officiellement comme le Centre d'enseignement génération avenir (Cega), à l'intitulé sans doute plus rassurant pour les pouvoirs publics.

À sa tête, Mustapha Halloumi, un homme aussi discret que controversé. Âgé d'une soixantaine d'années, longue barbe blanche et chéchia sur la tête, il arbore une tenue devenue familière dans les rues de Saint-Denis : le kamis. Prolixe dans les vidéos à la gloire de son établissement, il l'est beaucoup moins avec nous. Impossible de recueillir son point de vue. Mais pour les besoins de cette enquête, nous avons franchi la porte du groupe scolaire de Saint-Denis.

Officiellement, Al-Andalus a ouvert en juin 2016. Mais des riverains assurent que l'école fonctionnait déjà comme maternelle et primaire bien avant cette date. Au total, plus de 600 élèves y auraient reçu un enseignement, à en croire le site Internet du groupe scolaire. Début 2018, l'établissement officiait aussi comme collège, avec une soixantaine de jeunes inscrits en classes de 6e et 5e. Petit souci, nous avons découvert que ce volet de l'enseignement secondaire est déclaré comme simple « accompagnement scolaire » auprès des autorités publiques. En d'autres termes, il est totalement illégal.

Entre fantasmes identitaires et inquiétudes légitimes, il s'avère bien difficile de savoir ce qui se passe exactement à l'intérieur des écoles religieuses ouvertes sur le modèle d'Al-Andalus. Parfois en règle, souvent clandestines, elles suscitent la méfiance de l'État, laissant redouter le développement de « fabriques à islamistes ».

S'agissant des écoles privées musulmanes, la Seine-Saint-Denis fait, là aussi, figure de laboratoire. En 2018, le département en concentrait 12, soit le plus grand nombre dans le pays, devant le Nord (9) puis le Rhône (6). Au total, une centaine d'établissements étaient recensés à la même période sur l'ensemble du territoire. Une centaine pour 5,7 millions de citoyens de confession musulmane, c'est évidemment infime comparé aux 8 500 institutions catholiques ou aux 300 écoles juives qui composent l'enseignement privé en France. Mais, depuis quelques années, la dynamique s'accélère (entre 2016 et 2017, le nombre d'écoles a quasiment doublé), suscitant l'inquiétude des autorités. Tout particulièrement dans le 9-3.

« Seul Allah peut créer »

Le premier collège-lycée privé musulman, baptisé La Réussite, est d'ailleurs né dans le département : c'était à Aubervilliers, en 2001.

Dans l'établissement créé à Saint-Denis par Mustapha Halloumi, plus de 200 jeunes âgés de 3 à 14 ans viennent chercher ce qu'on ne trouve pas, et pour cause, dans les écoles publiques : « l'enseignement des valeurs islamiques en parallèle du programme officiel de l'Éducation nationale », comme l'annonce fièrement le groupe scolaire dans une vidéo promotionnelle. Au programme, une demi-heure quotidienne d'assimilation du Coran, et deux heures de langue arabe par semaine. Plutôt léger, *a priori*. Mais, à y regarder de plus près, on saisit rapidement que le dogme religieux irrigue l'ensemble du processus éducatif.

Le code vestimentaire donne le ton. Toutes les enseignantes portent le jilbab. Sans exception. À l'adolescence, les jeunes filles doivent elles aussi revêtir l'habit noir. Celles qui baignent encore dans l'enfance portent une blouse, parfois un voile bleu ciel pour les fillettes de 5 ou 6 ans.

Pas de cour de récréation dans ce bâtiment clos sur lui-même et organisé sur deux étages. À l'heure de la prière, on installe des tapis dans le préau pour les plus âgés. Ces indices révèlent l'imprégnation du salafisme quiétiste, cette mouvance de l'islam sunnite qui prône une lecture littérale du Coran et le « retour » aux pratiques religieuses prêtées au prophète Mahomet.

Comme dans toutes les écoles de France, des peintures enfantines ornent les murs des classes. Feuilles rousses d'automne, fruits et légumes, silhouettes d'enfants dessinées… Tout paraît normal.

À un petit détail près : aucun visage n'apparaît sur les murs.

Scotchés sur une porte en verre à l'intérieur de l'école, de jolis croquis représentant de petits bus rouges à impériale rappellent un récent voyage à Londres. Aux fenêtres des autobus stylisés, on aperçoit de drôles de passagers : griffonnés par les enfants, leurs visages se résument à un rond couvert de cheveux, longs pour les uns, courts pour les autres

– pour distinguer les filles des garçons, sans doute. Rien d'autre.

Vérification faite, dans l'établissement les poupées non plus n'ont pas de visage.

« Seul Allah peut créer », nous explique doctement une mère d'élève, en faisant référence à un hadith qui voue le musulman à l'enfer s'il s'adonne à la représentation des êtres possédant une âme. Dans la mouvance salafiste, il est également prohibé d'afficher des photographies dans la maison ou encore de posséder un chien. Autant d'interdits observés par la plupart des familles rencontrées à Al-Andalus.

La musique, elle aussi, est bannie. « Ni triangle ni Jimi Hendrix », résume une autre maman. Ici, les enfants s'initient au *tajwid*, qui consiste à psalmodier des versets coraniques sous une forme mélodieuse. Là encore, une pratique typique du salafisme, qui considère la musique à instruments *haram*, c'est-à-dire illicite. En 2014, l'une des figures du salafisme à l'époque, l'imam de Brest Rachid Abou Houdeyfa, avait diffusé sur Internet une conférence prononcée devant les élèves de son école, ouverte l'année précédente. « Ceux qui aiment la musique, c'est ceux qui voudraient être transformés en singe ou en porc ! Ils seront engloutis par la terre », éructait le prédicateur, suivi par 70 000 personnes sur sa chaîne YouTube et ses 150 000 fans sur Facebook… Il avait ensuite tenté d'atténuer la violence de ses propos délirants, invoquant leur portée « métaphorique ».

Si le responsable de l'école Al-Andalus nous est resté inaccessible, son passé, lui, ne l'est pas totalement. Mustapha Halloumi a été l'imam salafiste de la mosquée d'Épinay-sur-Seine, commune située à quelques kilomètres de Saint-Denis, durant plus de quinze ans. Jusqu'à ce que la gestion du culte dégénère en lutte fratricide.

En 2012, la mosquée d'Épinay passe sous la coupe de la Grande Mosquée de Paris, qui s'empresse de limoger Halloumi au profit d'un imam réputé proche de l'Algérie. Le recteur de la Grande Mosquée, Dalil Boubakeur, déclare à l'époque vouloir lutter contre « la dérive islamiste ». « Le maire de cette commune nous avait confié une mosquée qui s'est trouvée ensuite investie par des intégristes, justifie alors Boubakeur dans un entretien à *Nice-Matin*. Nous avons nommé un autre imam qui va assurer des prêches d'apaisement et non de ces discours qui excitent à l'islamisme avec tout le carnaval bien connu de ces prêcheurs archaïques. »

Directement visé, l'imam Halloumi entre en conflit avec la Grande Mosquée de Paris, mais aussi avec Hervé Chevreau, le maire (DVD) d'Épinay-sur-Seine. À tel point qu'une enquête judiciaire est ouverte, et des élus du département interrogés par la police sur la situation locale.

« Plus jamais l'école publique, je suis contre ! »

Malgré la décision de Dalil Boubakeur, Halloumi continue de s'imposer par d'autres moyens. Il s'arrange par exemple pour faire lire ses prêches par un disciple. Il peut compter sur un bastion de jeunes fidèles, décrits comme « islamo-délinquants » par l'une de nos sources évoluant dans les services de renseignements. Certaines prières dégénèrent même en bagarres à coups de manches de pioche. Elles opposent partisans et adversaires de Mustapha Halloumi. Débouté plusieurs fois par la justice qu'il a sollicitée pour continuer à prêcher, Halloumi se voit finalement interdire par le tribunal de Bobigny « de se présenter comme l'imam de la mosquée d'Épinay ou de tenir l'office à ce titre ».

Soutenu par le Parti socialiste et notamment par Bruno Le Roux, député de la circonscription jusqu'en 2017, mais aussi par l'UAM93 de M'hammed Henniche, ou encore par le Collectif anti-israélien Cheikh Yassine, Mustapha Halloumi ne se décourage pas. Il est accusé par des fidèles d'avoir changé la serrure de la mosquée, volé des tapis de prière et utilisé la collecte du vendredi pour financer son nouveau lieu de culte. Depuis sa naturalisation en 2011, Halloumi passe plusieurs fois par les geôles de la garde à vue, incitant les services de renseignements à instruire une procédure de retrait de nationalité française... en vain. Il parvient à recueillir les fonds nécessaires à l'ouverture d'un nouveau lieu de culte, la mosquée Al-Arqam, toujours à Épinay-sur-Seine. Et, en parallèle, il développe son projet d'établissement scolaire à Saint-Denis qu'il a installé à la même adresse que son domicile.

Le nouveau défi de l'imam Halloumi ? Acheter les locaux de l'Al-Andalus, un prix estimé à un million d'euros selon la campagne d'appels aux dons lancée sur Facebook, qui faisait état de 300 000 euros réunis en février 2018. Apparemment, Halloumi sait se montrer persuasif : en juillet de la même année, le butin était déjà passé à 450 000 euros. Une collecte intensive qui permet d'espérer « pérenniser l'activité et d'agrandir », annonce la direction de l'établissement sur la page d'accueil de son site Internet.

Car Al-Andalus est un incontestable succès. D'année en année, les listes d'attente s'allongent. Nombre de parents musulmans délaissent l'école publique pour le groupe scolaire de l'imam Halloumi, même s'ils vivent à l'autre bout de la Seine-Saint-Denis, dans le nord de Paris, les Hauts-de-Seine ou le Val-d'Oise. « On sacrifie de notre temps pour venir jusqu'ici », raconte Leila, femme fluette et dynamique, elle-même passée par l'école publique et l'université. « Moi, j'ai une école à cinq minutes à pied de chez moi, à Épinay, poursuit-elle, mais ça ne va pas. » Elle en a retiré son fils parce que les enfants étaient trop nombreux par classe. Elle évoque aussi, pêle-mêle, la maîtresse qui fête l'anniversaire de son fils, alors que « religieusement, on ne le fait pas », ou la viande haram qu'on lui « met sous le nez » à la cantine. « Je comprends que l'école publique ne fasse pas de viande halal, c'est normal, précise la jeune femme. Mais quand tu arrives avec ton voile et que tu demandes un repas végétarien pour ton fils, ça gêne tout de suite. »

« Plus jamais l'école publique, je suis contre ! », renchérit sur un ton vindicatif une autre mère, Hanane, dont les trois enfants sont inscrits à l'école Al-Andalus. En CP, sa petite fille, alors dans le public, s'était fait molester par d'autres enfants. Jugeant la réaction de l'institutrice trop molle, Hanane a « radié » la gamine de l'école, d'abord assuré son instruction à domicile – il a suffi d'un simple courrier envoyé à la mairie –, avant de l'inscrire dans l'établissement de Mustapha Halloumi.

Pour séduire, l'école Al-Andalus met en avant le faible nombre d'élèves par classe qu'elle propose : dix-neuf au maximum, un atout inestimable. L'établissement garantit surtout une discipline stricte, un argument sans rapport avec la religion mais tout à fait décisif pour des parents témoins de la dégradation de l'enseignement public... La réussite scolaire et la transmission de la culture arabo-musulmane obsèdent ces Français musulmans qui, souvent avec un seul salaire, déboursent 2 000 euros par an pour une scolarité hors contrat. « Dans les écoles de mon quartier, les jeunes parlent en *wesh wesh* et portent des jeans troués, déplore Aïcha, une mère de six enfants, convertie à l'islam il y a vingt ans, et qui vit Cité de la Courtille, un quartier sensible de Saint-Denis. Les profs doivent passer du temps à tenir la classe alors que le niveau des élèves est déjà faible et ceux qui ont envie de travailler n'y arrivent pas », résume-t-elle.

Dans de nombreux quartiers du département où l'islam est omniprésent, les parents de confession musulmane font de plus en plus face à un dilemme s'agissant de l'éducation de leurs enfants : la religion ou la rue. « Chez moi, le collège est très mal famé, avec beaucoup de violence », atteste Linda, mère trentenaire, divorcée, convertie à l'islam à l'adolescence, et qui anime un atelier collage pour les plus petits. « Au-delà de l'argument confessionnel, ce qu'on cherche avant tout, c'est la sécurité de nos enfants. Peu importe où je la trouve, c'est ce qui prévaut », confirme-t-elle.

D'ailleurs, dans les établissements privés catholiques du 9-3, la majorité des enfants ont des parents... musulmans. Mais à en croire certains élèves d'Al-Andalus, même l'enseignement catholique laisserait à désirer. « Avant, j'étais à l'école catho, mais je suis venue ici parce que les profs étaient trop souvent absents », nous explique une adolescente. À rebours des collégiennes musulmanes inscrites dans le public, tenues de se découvrir dans leur établissement, elle, au contraire, se couvre du voile lorsqu'elle pénètre dans les locaux d'Al-Andalus.

Quant à Karima, une mère elle aussi séduite par cette école, elle raconte qu'avant sa fille de 12 ans fréquentait un établissement catholique à Stains, mais qu'elle-même, entièrement voilée, était invariablement « laissée hors de l'école ».

Toutes ces mères de famille ont le sentiment de vivre dans un pays où elles ne peuvent pas exprimer leur foi librement. Ici, elles disent avoir trouvé leur place. Elles peuvent prendre une part active à l'éducation des enfants. Brocante destinée à récolter des fonds pour la cagnotte de l'école, soirée orientale ou vente de gâteaux le vendredi pour financer les sorties scolaires... L'école Al-Andalus est une microsociété, un lieu communautaire qui ne dort jamais. Même pendant les vacances scolaires. Elles se connaissent, se tutoient, font jouer la solidarité entre « sœurs ». « Je revis, s'enthousiasme Karima, la nouvelle arrivante, à l'écart d'un groupe de femmes. Chacun essaie de trouver son bonheur quelque part, moi j'ai trouvé le mien ici. » Touchant, mais perturbant s'agissant d'une mère d'élève et non de sa fille. « Regardez, nous, en tant que femmes voilées, il n'y a pas grand-chose qu'on puisse faire, s'indigne Aurélie, mère au foyer convertie de quatre enfants. Alors qu'en Angleterre vous pouvez accompagner les classes et travailler partout avec votre voile ! »

La Grande-Bretagne. Toutes les mères rencontrées y font référence, à croire qu'il s'agit de l'eldorado. Là-bas, ils ont droit de cité, assurent toutes ces mamans. De fait, dans la culture anglo-saxonne, le voile n'est pas vécu comme subversif, ni sur le lieu de travail ni dans l'espace public. À l'école Al-Andalus, les élèves de maternelle qui devaient illustrer les six continents en géographie ont d'ailleurs choisi l'Angleterre pour représenter l'Europe. Pas la France. L'an dernier, les élèves sont partis en voyage à Londres. Comme de nombreux jeunes musulmans du 9-3, qui bénéficient à travers les associations et écoles privées du département du très prisé séjour outre-Manche... L'attrait du modèle britannique.

Du côté de la mairie de Saint-Denis, on affiche une certaine gêne. « Le plus gros promoteur de l'éducation confessionnelle, c'est l'État, accuse Madjid Messaoudène, conseiller municipal de la majorité (FDG). À cause du manque de moyens et d'enseignants, ils poussent au repli communautaire et, après, ils vont se plaindre du repli ! »

« Il faut compter sur la dénonciation de riverains ou de bailleurs sociaux »

D'autant que le chiffre officiel – douze écoles musulmanes en Seine-Saint-Denis – est sans doute largement en deçà de la réalité. À l'instar de l'école Al-Andalus, créée en 2004 comme simple association de soutien scolaire, la plupart des établissements hors contrat ont commencé comme de banales associations de quartier. Or ces structures d'aide aux devoirs et d'apprentissage de la langue arabe sont légion dans le 9-3. Comme Al-Andalus à Saint-Denis, elles mènent des campagnes actives d'appel aux dons pour acheter des locaux, devenir propriétaire d'un siège, précieux sésame vers la pérennisation. Beaucoup prospèrent dans le but affiché de devenir un jour une école. Cette tendance laisse penser que le nombre d'établissements musulmans devrait exploser dans les années à venir.

De toute façon, sans attendre une hypothétique reconnaissance officielle, certaines associations fonctionnent déjà comme des établissements scolaires à temps plein, bien que non déclarés comme tels auprès des administrations. Tel le groupe Al-Andalus avant son ouverture officielle, en juin 2016, ou dans sa partie « collège » depuis le début de l'année 2018… L'établissement profite de l'embarras des pouvoirs publics qui préfèrent fermer les yeux tant le sujet est inflammable.

D'autres écoles, totalement clandestines, n'ont tout simplement aucune forme d'existence légale. Celles-ci sont alors indétectables par les services de l'État. « Pour repérer un lieu, il faut compter sur la dénonciation de riverains ou de bailleurs sociaux », rappelle Didier Leschi, ancien préfet à l'Égalité des chances dans le département.

À Saint-Denis, l'école Volcan du Savoir a fermé sur demande du rectorat et de la mairie, après avoir été médiatisée dans un reportage de France 2, début 2017. À Bagnolet, même sanction pour l'école hors la loi Sur le chemin du savoir, installée dans un local municipal mis à la disposition de l'Association des musulmans de Bagnolet, et dénoncée par les alertes de l'association d'habitants Citoyenneté en actes adressées au maire, à l'inspecteur académique, au procureur de la République et même au ministre de l'Intérieur d'alors, Manuel Valls, en poste de 2012 à 2014.

Ces pratiques clandestines n'étonnent pas Mossaab Ouertatani, 30 ans, acteur associatif de Saint-Denis et surtout enseignant à Al-Andalus. « Si l'autorisation d'ouvrir ne vient pas, les écoles font comme ça. De toute façon, lorsque vous faites les démarches, vous avez des problèmes : ils débarquent avec les flics, l'Urssaf et l'inspection académique… On aimerait avoir cette mobilisation pour le trafic de drogue ! », s'exclame-t-il.

Mossaab Ouertatani dispense aussi du soutien scolaire et de l'éducation islamique à l'association Lumyère, installée dans la cité Gabriel-Péri, à Saint-Denis également. Elle suscite la même méfiance des pouvoirs publics. Alors que l'association cherche à s'agrandir, les refus de permis de construire tombent les uns après les autres depuis trois ans, avec à chaque fois un motif différent : largeur du trottoir, escalier de secours, hauteur du plafond… Pour empêcher une école d'ouvrir, l'administration sait se montrer inventive. « Ils ont peur des nouveaux projets d'écoles privées et nous mettent des bâtons dans les roues pour rien, c'est de l'intimidation », peste Ouertatani.

Inspirés par l'expérience d'Al-Andalus, les dirigeants de l'association Lumyère rêvent d'en faire un jour une école. Le mercredi et le week-end, cette structure de quartier accueille près de deux cents adhérents. Elle propose du soutien scolaire dans toutes les matières et l'apprentissage à la psalmodie du Coran pour les enfants dès 3 ans. Pour les adultes, une « licence en sciences islamiques », des cours d'alphabétisation en français et des séjours en Jordanie ou en Palestine réservés aux « sœurs sans *marham* » (femmes non accompagnées d'un mari ou d'un tuteur homme). L'enseignement islamique imprègne les activités, comme en sciences où la « théorie de l'évolution » distingue la trajectoire de l'homme de celle du singe. À l'étage, des photos de fillettes voilées ornent les murs. « On est en plein dans la démarche d'intégration, on sauve notre jeunesse de l'échec scolaire et on lui donne des repères en la rattachant à sa culture d'origine », clame Mossaab Ouertatani, qui s'est présenté aux élections législatives de juin 2017 sous l'étiquette « Français et musulmans », afin de lutter, dit-il, contre « l'islamophobie ambiante dans le pays ».

« Personne ne semble s'inquiéter de l'évaporation des enfants »

L'association Lumyère a des « sœurs » dans le 9-3. À Bobigny, l'espace Al-Madina de la cité Paul-Éluard organise des assemblées 100 % filles, des forums d'orientation scolaire… L'association cherche elle aussi à s'agrandir. En dehors des appels aux dons, elle vend des calendriers de prière pour initier les enfants ou des barres chocolatées. L'institut Tarbiya, créé en 2014 à Drancy avec 150 élèves, en accueille de son côté depuis 2016 environ 500 à Bobigny. Il dispense des cours d'arabe le mercredi et le week-end et tente d'augmenter ses capacités d'accueil. À Sevran, l'association Amana apprend aux enfants de 3 à 11 ans « les bonnes manières et bien d'autres choses encore ». Les travaux manuels y sont tournés vers la religion, comme cette affiche réalisée par une classe de primaire : « La prière à la mosquée pour un homme musulman est obligatoire. On entre à la mosquée du pied droit, on sort du pied gauche. » Avec, toujours, l'appel au don, présenté comme une *sadaqa jariya* (aumône pour les choses durables, préconisée par le Coran et la *Sunna*).

Alors, combien de jeunes du département reçoivent aujourd'hui une instruction hors du circuit public, à domicile ou dans les écoles confessionnelles ? Difficile d'évaluer précisément le phénomène. Les élus locaux esquivent, le rectorat délaye. Quant à l'Éducation nationale, elle ne communique même pas ses statistiques aux préfectures, contraintes de dresser leurs propres estimations. Et quand on sollicite la préfecture, elle n'en dévoile pas davantage. On sait seulement que, selon les chiffres communiqués par le Centre national d'enseignement à distance (Cned), 1 066 élèves sont inscrits à l'instruction primaire et secondaire par correspondance dans le 9-3, soit moins de 2 % des 66 000 inscrits sur l'ensemble de l'Hexagone. En 2017, 1 520 étaient inscrits dans une école hors contrat et 373 dans un collège hors contrat en Seine-Saint-Denis, selon un rapport des députés François Cornut-Gentille (LR) et Rodrigue Kokouendo (LREM) publié en juillet 2018. En réalité, certains jeunes ne sont inscrits nulle part et passent sous les radars.

« Personne ne semble s'inquiéter de l'évaporation des enfants », s'alarme Véronique Decker, la directrice de l'école Marie-Curie de Bobigny. « Dans la cité Paul-Éluard, tout le monde sait que des mômes disparaissent entre la maternelle et l'élémentaire.

L'inspectrice le sait. Les directeurs d'école le savent. L'État ne traque pas les enfants non scolarisés, sinon, il ferait une corrélation entre les naissances et les inscriptions. »

Au rectorat de Créteil, Cécile Tabarin, directrice de cabinet à la Direction académique des services départementaux, assure pourtant que les inspecteurs réalisent « régulièrement » des « visites inopinées » dans les écoles privées et à domicile. « Depuis 2015, les inspecteurs sont sensibilisés aux signaux de radicalisation », ajoute-t-elle.

Mais, en trois ans, seuls deux signalements ont été transmis au parquet de Bobigny, selon la procureure elle-même, Fabienne Klein-Donati. Les enquêtes sur les deux structures visées, situées à Bobigny et à Saint-Denis, n'ont donné lieu à aucune suite judiciaire… « Pour ouvrir une école coranique ou une école privée hors contrat, il suffit d'avoir 21 ans et le bac. À partir du moment où c'est régulier, qu'est-ce que vous faites ? », soupire la magistrate, impuissante.

En 2016, le cabinet de la ministre de l'Éducation nationale, Najat Vallaud-Belkacem, avait commandé un rapport sur les écoles hors contrat à l'Inspection générale. « La vigilance s'impose sur les effets d'une éducation qui impose des croyances ou des convictions et occulte des pans entiers du savoir au profit d'une idéologie », écrivaient les inspecteurs.

« C'est au moment où on a commencé à imaginer que certains partaient en Syrie qu'ils s'y sont un peu intéressés, affirme Véronique Decker, trente ans de carrière en Seine-Saint-Denis. La seule chose qui retient leur attention, c'est le terrorisme, pas les enfants verrouillés dans la très grande religiosité... qui ne sont d'ailleurs pas les meilleurs clients du terrorisme », dit-elle encore.

« Le bourrage de crâne est le même, qu'il soit catholique, juif ou musulman »

Rien ne prouve en effet que les écoles religieuses fabriqueront des adultes réceptifs à l'islamisme, voire au terrorisme. Mais le doute grandit. Les spécialistes se divisent sur le sujet, certains affirmant que le salafisme forme un bain idéologique facilitant le passage à la violence religieuse. À l'inverse, une source des renseignements experte du département et rencontrée pour les besoins de cette enquête estime que l'État se trompe de cible en traitant un problème de culture comme un problème de sécurité intérieure. Pour endiguer la progression du salafisme, notamment à l'école, des fonctionnaires plaident pour en faire une mouvance surveillée par la Miviludes. Les chercheurs, eux, penchent pour la diffusion d'un contre-discours théologique, notamment sur Internet, pour faire contrepoids aux prédicateurs 2.0. Depuis 2016, l'État opte pour cette option, sans grand résultat à ce jour.

« Ces écoles-là répondent à une double exigence : éducation et religion. Est-ce qu'on peut leur jeter la pierre ? », interroge Madjid Messaoudène, élu de Saint-Denis et lui-même athée, en ignorant délibérément le contexte lié au terrorisme islamiste. Il ajoute d'ailleurs : « Trois quarts des juifs sont déjà dans des écoles privées ; demain si trois quarts des musulmans étaient dans des écoles privées, on dirait qu'ils se radicalisent... Ce qui obsède les gens, c'est le voile, alors que le bourrage de crâne est le même, qu'il soit catholique, juif ou musulman. »

Les musulmans à l'origine de projets d'écoles confessionnelles ne manquent d'ailleurs pas de se référer systématiquement aux autres cultes qui possèdent leur propre système d'enseignement privé. L'école de confession musulmane Al-Badr de Toulouse, dans le viseur du rectorat dès 2015, en a même fait une publicité, supposée démontrer son ambition d'excellence, selon laquelle les juifs auraient réussi à « dominer le monde par l'éducation ». Le cliché antisémite s'est retourné contre ses auteurs ; le tribunal correctionnel de Toulouse a ordonné la fermeture de l'école.

Manifestement impuissantes à endiguer cette poussée revendicative, les autorités semblent au moins en avoir pris la mesure. En avril 2018, une loi a été adoptée pour « simplifier et mieux encadrer » le régime d'ouverture et de contrôle des établissements privés hors contrat. Alors que jusqu'ici, seuls l'« intérêt des bonnes mœurs » ou l'« hygiène » permettaient au maire, au préfet ou au procureur de la République de s'y opposer, dans un délai de deux mois. La sénatrice Françoise Gatel (UDI) a proposé d'allonger ce délai, d'ajouter dans la loi les motifs d'interdiction liés à la sécurité ou à l'accessibilité des locaux, d'instaurer un « contrôle annuel de chaque établissement ou classe hors contrat » et de renforcer les sanctions en cas de dérives. Sans tarder, le ministre de l'Éducation nationale, Jean-Michel Blanquer, a donné son feu vert.

Le gouvernement d'Édouard Philippe, conscient de l'importance du sujet, a même choisi d'insérer cette annonce dans un plan de lutte contre la radicalisation islamiste. Au risque de crisper encore davantage une partie de la population musulmane… « Même les pressings et les kebabs ne sont pas autant contrôlés que les écoles hors contrat », s'agace Fatih Sarikir, président de l'Union européenne pour l'enseignement privé musulman (UEPM), en référence à ces échoppes soupçonnées d'être des blanchisseuses d'argent sale qui fleurissent dans les quartiers. « La communauté musulmane se sent une fois de plus, à juste titre, pointée du doigt », déplore Fatih Sarikir, qui dirige également l'école privée Bellevue-Mohammed-Hamidoullah, à Clichy-sous-Bois, en passe de devenir un collège. Lui aussi dénonce l'hypocrisie supposée de l'État, accusé de multiplier les obstacles à l'ouverture d'établissements confessionnels sans pour autant faciliter en parallèle leur passage « sous contrat », qui permettrait de contrôler les programmes et le recrutement des enseignants. En France, seules six écoles de confession musulmane ont obtenu le fameux sésame.

En 2016, le gouvernement Valls avait déjà tenté de modifier les modalités d'ouverture des écoles religieuses. Tentative censurée par le Conseil constitutionnel, qui avait estimé qu'un « régime d'autorisation préalable portait une atteinte disproportionnée à la liberté constitutionnelle d'enseignement, indissociable de la liberté d'association »…

Dans une salle de classe de l'école Al-Andalus, on retrouve Linda, jeune mère de famille de 33 ans, convertie depuis quinze ans. Elle hausse les épaules sous les plis de son ample voile couleur prune. « La pression est permanente, regrette-t-elle. On reçoit des leçons de la France profonde qui ne maîtrise pas les bases constitutionnelles et le sens véritable de la laïcité. » Elle est interrompue par un garçon de 6 ou 7 ans qui déboule, apparemment ravi de se trouver à l'école, animée par une brocante en pleine vacance scolaire. « Notre seul espoir d'avoir une place dans la société, reprend la trentenaire musulmane, c'est de former ces nouvelles générations… On a le droit d'existence. On veut vivre en paix, apprendre à vivre ensemble. »

Ensemble, mais… séparément.

15.

La victime

Stella Bensignor et son mari David vivaient dans un pavillon de Romainville avec leurs trois enfants. Un soir de mars 2017, cette famille juive non pratiquante découvre à son retour sa maison totalement retournée. Un banal cambriolage, se disent les Bensignor… Alors, le couple décide d'installer des caméras et s'accorde quelques jours de vacances.

Quelques semaines plus tard, le 15 mai 2017, Stella s'apprête à conduire sa fille au lycée, à Paris. Dans le parking, en rejoignant son Opel Mokka, elle aperçoit une inscription sur sa portière, côté conducteur, comme une déchirure intime : « *JUIF* ».

« Les larmes commencent à monter mais je prends sur moi, raconte cette femme de 48 ans. Sur le périph, des gens se mettent à klaxonner, je ne sais pas pourquoi. Et puis je comprends, une fois chez le garagiste. Derrière, ils ont gravé "ISRAËL" avec une étoile de David, les deux pneus étaient tailladés et les valves se dégonflaient… » Son témoignage sera consigné, photos à l'appui, par le Bureau national de vigilance contre l'antisémitisme (BNVCA), instance activiste qui accompagne les personnes victimes d'agressions visant des juifs.

Stella Bensignor ne sait pas qui sont les auteurs de cet acte, mais ils font peser sur sa famille une menace à la fois invisible et omniprésente. Craignant que le ou les mystérieux agresseur(s) s'en prenne(nt) à autre chose qu'à la carrosserie de sa voiture, le couple « fait les cartons dans les larmes » et « se sauve » littéralement, avec les enfants, le soir du 15 mai 2017. Ils s'installent chez les parents de Stella, à Bagnolet, et obtiennent trois mois plus tard un logement aux Lilas, la commune voisine, avec l'appui du maire (PS) Daniel Guiraud.

Un appartement très ordinaire, 1 500 euros de loyer pour un quatre-pièces sans charme, dans un immeuble de cinq étages, avec une simple plaque pour cuisiner. Beaucoup moins confortable que le pavillon de Romainville, mais qu'importe… Stella Bensignor est intarissable lorsqu'on la questionne sur le sujet de l'antisémitisme. Volubile, cette petite femme brune aux yeux verts raconte, indignée, qu'« une dame de la Licra », la Ligue contre le racisme et l'antisémitisme, lui a demandé si elle ne songeait pas à partir en Israël. « Elle m'a tendu un formulaire et m'a dit : "Vous aurez un passeport pour Israël dans dix jours…" Ben pourquoi elle me dit ça, elle ? Ma vie, elle est ici. Je n'ai pas de travail là-bas, pas la langue… Pourquoi partir, qu'est-ce que j'ai fait ? C'est chez moi, la France ! » Après un court silence, elle ajoute : « Mais je vais vous dire, plus le temps passe… On finira tous par partir… »

Un an après les faits, réfugiés dans leur HLM, les Bensignor tentent d'évacuer le traumatisme, de se reconstruire un nouveau quotidien. Stella se dit toujours « épuisée moralement », au point de se plaindre inlassablement. « Ils nous ont esquinté notre vie, insiste-t-elle. Parfois, je pleure encore… Quand elle a entendu mon récit, ma grand-mère de 94 ans m'a dit : “Tu sais, ma fille, ça a commencé comme ça, dans les années 1930 : quelques familles, quelques histoires…” » Stella se dit non pratiquante, même si elle fait shabbat, ne mange pas de charcuterie et se rend de temps en temps à la synagogue, mais elle ressasse : « Nous, les gens de la communauté… » À propos de ceux qui l'ont incitée à partir, elle assène : « Ils ont la haine et on ne sait pas pourquoi. Ils ne savent même pas situer la Palestine sur une carte. Ils font ce qu'ils veulent, c'est un ramassis de racailles. Voilà le ressenti de la communauté… »

La communauté, justement. Soudée, mais fragile.

Prenez les Pinto. Trente-cinq ans qu'ils vivent en Seine-Saint-Denis. Mais, en ce début d'année 2018, c'est à l'ouest de Paris, dans l'appartement de leur fils, que Mireille et Roger Pinto nous reçoivent. Eux aussi cherchent à déménager, après leur agression très médiatisée de l'automne 2017. « On revient à la case départ », ironise tristement le couple venu en 1962 de la baie d'Oran, en Algérie, où ils ont tout laissé pour prendre la vague des premiers rapatriés. Ils s'installent alors dans une confortable maison de Livry-Gargan, une ville qui les séduit pour son air de « petit Neuilly » de Seine-Saint-Denis. À leur corps défendant, les voilà protagonistes d'un fait divers retentissant, devenu l'un des symboles du « nouvel antisémitisme », expression policée souvent utilisée pour évoquer l'antisémitisme musulman. Certaines personnalités, comme le très clivant Philippe Val, ancien directeur de *Charlie Hebdo*, vont jusqu'à dénoncer une « épuration ethnique à bas bruit » des juifs par les musulmans en banlieue dans une tribune extrêmement virulente publiée dans *Le Parisien* en avril 2018.

Le 8 septembre 2017, les Pinto rentrent chez eux après deux mois de détente passés sur la côte d'Azur. Au petit matin, le calvaire commence. Trois hommes cagoulés déboulent. Ils les jettent à terre, les rouent de coups, les frappent au thorax, à la tête… Un tabassage en règle. Les assaillants menacent les Pinto, tournevis sur la gorge, les ligotent et les dépouillent. Pourquoi eux ? L'un des trois agresseurs leur lance : « Vous, les juifs, vous êtes riches ! Nous, on prend aux riches pour donner aux pauvres. » Comprendre : à eux-mêmes…

« Ils brandissent le slogan "Palestine" pour en faire un brûlot antijuif »

Bijoux, montres, cartes de crédit, ils retournent la maison de 280 mètres carrés pour se saisir du moindre objet de valeur. Au total, un bien maigre butin, que les Pinto avaient acquis en travaillant « toute leur vie », lui dans la formation professionnelle, elle dans le secrétariat.

« Ils ont dit qu'on était riches, alors on a pris une pioche pour creuser sous la maison et qu'est-ce qu'on a trouvé ? Des soucis. » Six mois après l'agression, Roger Pinto tente de plaisanter, mais il n'a depuis longtemps plus le cœur à rire. Cinq suspects ont finalement été mis en examen pour vol avec arme, séquestration et extorsion en bande organisée et en raison de la religion des victimes. Il n'empêche, « les problèmes restent », dit Roger Pinto. Sa femme suit une thérapie avec un psy, lui souffre encore de douleurs au dos. Mais lorsqu'il lâche : « Ça me fait mal », c'est à l'évocation d'un souvenir très lointain, brutalement remonté à la surface à l'occasion de cette violente agression : ce jour de l'année 1941 où, en Algérie, les instituteurs rassemblèrent les enfants dans la cour de l'école publique et intimèrent aux élèves juifs, dont il faisait partie, de rentrer chez eux. Ordre de Vichy.

Les Pinto tentent toujours de comprendre. Durant leurs années en Seine-Saint-Denis, aucune ombre n'a jamais plané sur leurs relations avec le voisinage. Mais selon l'octogénaire, les musulmans radicalisés ont relancé l'antisémitisme en France. « Ils brandissent le slogan “Palestine” pour en faire un brûlot antijuif. Si les juifs n'étaient pas soutenus par Israël, on serait bon pour le four crématoire », ne craint pas d'assurer le vieil homme au discours souvent excessif. Militant associatif et ancien vice-président du Crif, le Conseil représentatif des institutions juives de France, Roger Pinto préside le mouvement Siona, très actif pour la « libération des communautés juives » et pour « mieux faire connaître les réalités d'Israël ». Sur son canapé, il gesticule, s'emporte par moments, se lève pour exhumer des photographies de lui aux côtés du Premier ministre israélien, Benyamin Netanyahou. « J'adore la France, c'est mon pays », insiste toutefois Roger Pinto, qui repousse l'idée d'aller vivre en Israël. « C'est la société française qui est concernée. Nous nous battrons contre ceux qui veulent que nous n'existions plus. » En attendant, les Pinto vont bel et bien déserter le 9-3.

En Seine-Saint-Denis comme un peu partout en France, les actes antisémites diminuent depuis deux ans. Selon le BNVCA, 345 actes antisémites ont été recensés en 2016 dans l'Hexagone. Un nombre en baisse par rapport à l'année précédente. En 2017, les actes antijuifs ont de nouveau diminué, d'environ 20 %. « Sur 200 000 affaires par an, les véritables faits antisémites sont rares », insiste d'ailleurs Fabienne Klein-Donati, procureure de la République à Bobigny. Peut-être parce que nombre de victimes de délits déposent plainte en invoquant l'antisémitisme sans pouvoir le prouver. Paradoxalement, le sentiment d'insécurité, lui, augmente au sein de la communauté juive. Selon une enquête publiée en janvier 2016 par l'institut Ipsos, 92 % des Français de confession juive interrogés considéraient que l'antisémitisme avait augmenté en France les cinq années précédentes. Les trois quarts d'entre eux jugeaient « difficile d'être juif en France », au point que plus d'un juif sur trois (40 %) envisageait de quitter le pays.

Certains ont franchi le pas et réalisé leur *alyah*, la montée vers la Terre promise, en Israël. En 2017, l'Agence juive en France évaluait le nombre de départs à 4 000, contre 5 000 en 2016. Les deux années précédentes, la France était toutefois le premier pays d'émigration vers Israël, avec 7 200 départs en 2014 et 7 900 en 2015, le plus haut niveau jamais atteint depuis 1948.

Une vague évidemment liée à la tuerie dans l'école juive de Toulouse en 2012, puis aux attentats de 2015, notamment celui contre l'Hyper Cacher de Vincennes.

Si un léger reflux semble perceptible au niveau national, dans certains quartiers de Seine-Saint-Denis, en revanche, des familles de confession juive continuent de quitter leurs foyers pour s'installer dans les communes réputées plus sûres, généralement à l'est du département. « Une sorte d'*alyah* en Île-de-France, résume Didier Leschi, ancien préfet à l'Égalité des chances dans le 9-3. On assiste à la disparition progressive de la communauté juive [dans le département], alors qu'elle est historiquement présente. »

En décembre 2015, Alain Benhamou, tout juste retraité, ferme définitivement la porte de son appartement de Bondy. Il l'occupait depuis 1974, avec son épouse et ses trois filles. Installé depuis au Raincy, il a conservé la photo de l'inscription au rouge à lèvres, découverte un jour sur le mur de sa chambre : « Sale Juif, vive la Palestine. » Cet ancien administrateur de la synagogue de Bondy rentrait chez lui un samedi, kippa sur la tête, lorsque des « jeunes qui traînent au pied des immeubles », selon son récit, l'aperçoivent, et le suivent. Viendra un premier cambriolage, en mai 2015, qui laissera l'appartement dévasté. Puis un second, deux mois plus tard, accompagné de l'inscription antisémite badigeonnée au rouge à lèvres. Pour la famille Benhamou, c'est l'incident de trop. Il y avait déjà eu le racket de la troisième fille au collège public, en 2001, par deux garçons qui écoperont d'un rappel à la loi. Puis l'équipe de football agressée pendant un match joué avec la kippa, en 2002. Sans parler de ces voitures qui longent la synagogue aux murs d'enceinte surélevés et d'où fusent des propos ignobles – « sale Juif », « Hitler aurait dû terminer le travail », etc.

« La communauté dépérit naturellement, témoigne Alain Benhamou, attablé dans un café du Raincy. Dans les années 2000, il y avait environ 500 familles juives à Bondy, soit 2 500 personnes sur 50 000 habitants. Actuellement, on en dénombre 150 à 200. » Une hémorragie qu'il impute à la municipalité socialiste de Bondy, élue en 2008. « Avec le maire Gilbert Roger, on a vu arriver une population difficilement assimilable, accuse Alain Benhamou. Des jeunes mal formés et des parents parlant l'arabe au détriment de la population locale blanche, qui a commencé à quitter Bondy Nord. Cette partie populaire de la ville s'est couverte de barres HLM. » Ce qu'il ne supporte pas. La preuve, il ajoute cette phrase terrible : « L'oiseau fait son nid… »

Élu à la mairie en 1995, devenu sénateur (PS) en 2011, Gilbert Roger rappelle que l'évolution démographique tient d'abord à l'arrivée, à partir des années 1960, des rapatriés d'Algérie et des immigrés que les usines à moteurs importaient pour se constituer une main-d'œuvre bon marché. « Notre chance, c'est que la population juive et la population musulmane venaient du même coin, Nedroma, à la frontière entre l'Algérie et le Maroc », explique l'élu bondynois. À l'époque, souligne-t-il, il n'y a « pas trop » d'antisémitisme et les affaires « se règlent tranquillement ».

« Partez, parce qu'ils vous ont repérés »

Mais les temps ont changé, laissant face à face des communautés pour qui le « vivre-ensemble » n'est plus qu'un lointain souvenir.

Comme aux autres familles juives agressées, la police a conseillé aux Benhamou de quitter la ville. « Partez, parce qu'ils vous ont repérés », leur ont dit les fonctionnaires. Ils ont choisi le triangle bourgeois de la Seine-Saint-Denis, sorte d'îlot de quiétude dans le département, organisé autour du Raincy. C'est ici que réside la plus importante communauté juive de Seine-Saint-Denis. Environ 1 500 familles de confession juive se répartissent entre Le Raincy, Gagny et Villemomble. Le Raincy, surtout.

Elles viennent chercher la tranquillité dans cette commune pavillonnaire, tout en allées et avenues, érigée à la place de l'ancien parc à l'anglaise créé par le duc d'Orléans. Avec le revenu moyen par habitant le plus élevé du 9-3 (3 800 euros contre 2 400 en moyenne départementale), Le Raincy fait figure d'exception dans ce département populaire.

« On a tout ce qu'il faut », souligne Daniel Zerbib, président de la communauté juive, qui a lui-même quitté Chelles, à sept kilomètres, où l'office religieux ne se tenait plus assez souvent faute du quorum de dix fidèles. Le maire, Jean-Marie Genestier, élu (sans étiquette) en 2014 après trente-cinq ans comme conseiller municipal, affiche la même satisfaction. La prière à la République française, lors des offices à la synagogue, le « fait vibrer ». « Il y a d'autres religions, mais celle-ci veut d'abord montrer son insertion dans les lois de la République », explique-t-il à propos du judaïsme, pour mieux le distinguer de l'islam. En 2014, Jean-Marie Genestier a fait campagne sur l'apaisement entre les communautés. « Avant d'être élu, j'ai très directement dit au rabbin quel serait mon objectif : protéger la communauté juive. » Pique à son prédécesseur, Éric Raoult, dont il a pourtant été l'adjoint entre 1995 et 2001.

Ancien député et maire UMP du Raincy, Raoult cultivait soigneusement lui aussi ses relations avec la communauté juive. Il a notamment présidé l'Association des élus locaux et municipaux amis d'Israël (Adelmad), qui regroupe environ 800 élus français et organise des voyages dans l'État hébreu. En 2010, rapporteur de la mission sur le port du voile intégral, il a plaidé pour l'interdiction de « dissimuler son visage » dans les services publics, mais pas dans la rue. Jean-Marie Genestier est plus radical et veut conserver au Raincy son statut de quasi principauté. « Il ne faut pas, de façon ostentatoire, avoir une apparence en opposition avec des citoyens qui, eux, ne veulent pas montrer leur appartenance religieuse. Il y a des élus qui prônent le vivre-ensemble et qui perdent de vue qu'il y a une population installée qui doit être respectée ».

À Saint-Denis, la communauté juive (2 000 membres sur 115 000 habitants) n'a pas subi de vague de départ, assure le rabbin Mendel Belinow, qui officie depuis vingt-sept ans dans la ville. Mais à la synagogue Beth Habad, rue Émile-Connoy, un sentiment d'insécurité plane. Devant les fidèles, l'imposant Loubavitch se veut rassurant. « Il y a vingt ans, on me disait qu'il n'y aurait plus de magasin avec une mezouzah, tonne-t-il en référence à l'objet de culte juif apposé au chambranle des portes. Aujourd'hui, il y a six ou sept magasins avec une belle et grande mezouzah ! » Dans l'assemblée, Christian, père de famille, nuance. « La religion a pris plus d'ampleur que l'amitié ou l'éducation, glisse-t-il. On préfère la casquette à la kippa. Une kippa c'est provocateur, ça signifie : je suis ton ennemi. » Mais le quadra qui a toujours vécu à Saint-Denis refuse la paranoïa. « On sait bien que des Arabes disent les "sales juifs" et entre nous, on dit les "sales beurs" ; on n'est pas amis mais on vit ensemble... Dire qu'un musulman est forcément antisémite ou islamiste, c'est comme dire qu'un juif est forcément riche ou puissant. » Lui ne partira pas pour un « regard de travers » dans la cité.

À Bagnolet, dans les hautes tours de la cité Santo Fiorantino, la coexistence tient encore. Difficilement. « Les 300 à 400 juifs de notre communauté sont complètement intégrés dans les cités ; les petits voyous n'y touchent pas », assure Francis Lévy, dentiste de son état, mais surtout président de la communauté juive de Bagnolet depuis dix ans, comme son frère et son père avant lui. Il n'empêche : l'anxiété progresse. « La plupart des gens ont peur de sortir avec la kippa, poursuit Francis Lévy. Quand j'avais 20 ans, on marchait avec la kippa ou des *tefillin* [petits boîtiers contenant des passages de la Torah] autour du cou, dans la rue, dans le métro, partout à Bagnolet... » Hors de question aujourd'hui. Peut-être parce que, « tout autour dans le 93, ça part en vrille », songe le dentiste.

La preuve : juste à côté, dans la petite commune des Lilas, des juifs trouvent, en février 2017, leur porte taguée au marqueur avec cette inscription : « Juifs aux fours vite ». Un mois plus tard, une croix gammée souille la façade d'un bâtiment portant une plaque commémorative juive… Au cimetière de Pantin, un livre en céramique, une photographie et une veilleuse déposée sur une tombe surmontée d'une étoile de David sont détruits. Quelques jours plus tard, devant la synagogue, un homme brandit un couteau en menaçant : « Allahou akbar, on va tous vous égorger. »

À Noisy-le-Grand, en avril 2017, une famille juive découvre dans sa boîte aux lettres deux cartouches de 9 mm accompagnées de ce message : « Allahou akbar, la troisième balle est pour toi ou pour ta famille. »

Incontestablement, depuis l'attentat commis par Mohamed Merah en 2012, puis, surtout, ceux de 2015, la méfiance et la peur sont montées d'un cran. « On ne se convertit pas, mais on se cache. Comme si on était dans les années 1930 », déplore Francis Lévy.

« Il y a des maires qui sont prêts à baisser leur pantalon »

De l'avis général, l'interminable conflit israélo-palestinien n'est pas pour rien dans cette montée pernicieuse de l'antisémitisme ordinaire. Depuis une vingtaine d'années dans le département, des pics de tension suivent de peu les Intifadas. Par tradition militante internationaliste ou simple recherche de la paix sociale, les élus locaux soufflent très souvent sur les braises en affichant un soutien inconditionnel aux Palestiniens.

« On importe trop ce qui se passe là-bas, avec trop de fausses idées, juge Daniel Zerbib, président de la communauté juive du Raincy. Il y a des maires qui sont prêts à baisser leur pantalon pour avoir un certain calme dans leur commune. » Une analyse reprise à son compte par Didier Leschi, ancien préfet du département et ex-chef du Bureau central des cultes, place Beauvau. « Les manifestations de solidarité avec les Palestiniens ou de contestation du sionisme, c'est quasiment l'activité politique principale de la Seine-Saint-Denis », persifle-t-il. De fait, un grand nombre de municipalités, essentiellement de gauche, surfent sur un antisionisme aux relents parfois antisémites.

« On n'importe rien ! La Palestine est là, on se saisit du sujet... Ceux qui importent le conflit, c'est le Crif et ses officines qui travaillent pour le gouvernement israélien », clame sans ciller Madjid Messaoudène, membre (Front de gauche) de l'équipe municipale de la mairie de Saint-Denis. Dans son bureau de l'hôtel de ville, une écharpe noire, blanche, rouge et verte fixée au mur proclame « Vive la Palestine »... « Prendre fait et cause pour les Palestiniens aujourd'hui, ce n'est pas aller à l'encontre des intérêts de la population juive. Sauf à les essentialiser. Tous les juifs ne sont pas pro-Israël ! », lance Messaoudène, connu pour ses tweets provocateurs visant les islamophobes, pas loin d'être majoritaires à ses yeux : les Femen, comparées à des truies, les caricaturistes de *Charlie Hebdo*, etc. « C'est une question politique, pas religieuse, tente de plaider l'élu. Ceux qui sont antisémites sur le dos des Palestiniens, on les combat avec autant de force qu'on combat n'importe quel raciste. »

Vindicatif, le discours de Madjid Messaoudène trouve incontestablement un écho auprès des jeunes musulmans du 9-3. « La Palestine imprègne leurs revendications identitaires alors qu'ils ne connaissent rien sur l'histoire du conflit israélo-palestinien, observe Jules Castro, enseignant au collège Georges-Politzer à Montreuil. Il ne faut pas sous-estimer le manque de connaissance et l'absence totale de références. »

Afin de prendre l'opinion publique à témoin, les autorités de la communauté juive ont tendance à surmédiatiser les faits d'agression dont sont l'objet leurs coreligionnaires. Très actif – surtout sur le front médiatique, selon les victimes –, le Bureau national de vigilance contre l'antisémitisme porte systématiquement plainte dans les affaires liées, de près ou de loin, avec un islamisme supposé.

À La Courneuve, en octobre 2017, Sonia Nour, une fonctionnaire territoriale, doit démissionner, accusée d'apologie du terrorisme, après avoir qualifié de « martyr » le terroriste de la gare Saint-Charles à Marseille. Elle reçoit le soutien de Zoé Desbureaux, suppléante de François Ruffin, député La France insoumise. Le Printemps républicain, mouvement de la gauche laïque, dénonce lui une « banalisation du discours islamo-indigéniste ». Et le BNVCA de réclamer sans nuance des mesures dissuasives et exemplaires contre les agents publics « infiltrés dans les structures les plus stratégiques de l'État » et « soutenant l'idéologie des ennemis de la France ».

Stella Bensignor repense avec nostalgie à sa jeunesse, ces temps bénis où ses parents, qui venaient de Tunisie, « fraternisaient avec les voisins musulmans. On habitait dans les mêmes immeubles, on partageait les gâteaux, on s'invitait aux mariages ».

Son regard semble se voiler, soudain. D'un geste mécanique, elle caresse son collier argenté, au bout duquel est suspendue une étoile de David.

Depuis le cambriolage, lorsqu'elle doit prendre le métro, Stella Bensignor dissimule le pendentif dans son corsage.

16.

La secrétaire

Elle ne les supporte plus. Alors, d'une voix légèrement tremblante, entre colère et anxiété, Martine Roman se lâche et dénonce les « voilées » qui auraient supposément envahi l'université Paris-Vincennes-Saint-Denis, « Paris-8 ». « On a aidé les filles à devenir des esclaves en acceptant le voile à l'université », lance abruptement cette grande et mince femme brune, âgée d'une cinquantaine d'années. Très forte personnalité, dotée d'un tempérament clivant, elle est réputée pour son franc-parler, ses excès aussi. Elle est secrétaire administrative du master Histoire et recherches de Paris-8, par lequel est notamment passée Clémentine Autain, députée de la 11e circonscription de Seine-Saint-Denis et figure de La France insoumise de Jean-Luc Mélenchon.

Féministe revendiquée, Martine Roman, très isolée, se vit aujourd'hui en « lanceuse d'alerte », ce qui l'a amenée à accepter de nous livrer son témoignage. Depuis trente ans, elle dit assister à la montée d'un islam toujours plus visible entre les murs de « sa » fac. L'avancée des « voilées » est devenue sa préoccupation majeure, son obsession, jusqu'à la caricature. Et ce, même si la loi autorise le port du voile.

Il est loin, le temps des grands combats féministes et antiracistes des années 1970. Les causes historiques de la gauche ont laissé place à d'autres combats, qu'elle ne comprend pas et qu'elle qualifie pour certains de communautaires : la défense de la Palestine, le droit des femmes à porter un voile ou encore l'émancipation de la jeunesse « racisée » à travers des organisations militantes « non blanches ». Ces évolutions prennent place, dit-elle sans nuance – ce n'est pas son fort –, dans un contexte de « bagdadisation » de l'université. Salles de prière, cafétéria halal, entrisme religieux... Tout y passe. « Il y a un bâtiment, le bâtiment B1, qui est tenu par les salafistes, croit-elle savoir. Ils ont une salle de prière cachée. Les filles viennent avec les gants et les voiles. Parfois je prends des photos, ça ressemble à Bagdad. Quand vous venez ici, vous n'êtes plus en France. »

Le tableau dressé est pour le moins sombre. Est-il possible qu'une université se soit laissée envahir par un dogme religieux ? Comment Paris-8, cette fac laïque et militante, peut-elle laisser des forces musulmanes traditionalistes rythmer la vie universitaire ?

Partagé par certains acteurs associatifs de la génération soixante-huitarde, le constat fait par Martine Roman méritait d'être recoupé, ou du moins approfondi. Sur place.

À la cafétéria Le Campus, juste à l'entrée de l'université, Djibril s'attable pour manger un sandwich. À sa gauche, quatre filles voilées jusqu'aux épaules discutent. À 32 ans, Djibril, musulman pratiquant, a la tchatche facile. Il vit à Bobigny et a étudié à la fac il y a dix ans. « Des signes ostentatoires ? Je ne fais pas attention, ça fait partie du décor, vous savez, on est en banlieue ici », esquive-t-il en se prononçant pour le « libre choix de chacun ».

Dans cette cafétéria, on vend des burgers, des croque-monsieur et des sandwichs escalope-boursin. Pas de viande halal, contrairement à ce qui a un temps prévalu à l'université Paris-13, selon la maire (PCF) de Villetaneuse, Carinne Juste.

Dans le bâtiment B1, le planning indique les cours de langues. « *All cops are bastards* » (« Tous les flics sont des bâtards »), dit un tag sur les escaliers grisâtres. Où dissimulerait-on une salle de prière ? « Au fond des toilettes du B1 ou dans les issues de secours », nous a certifié Martine Roman. Elle admet cependant qu'elle n'a jamais « fouillé » les lieux et qu'elle ne connaît personnellement « pas de voilée ».

Nous poursuivons notre exploration. En vain. Aucune trace d'un lieu de prière clandestin. Les étudiants musulmans pratiquants que nous rencontrons nous disent préférer le confort de leur domicile, après les cours. Ou celui de la grande mosquée de Saint-Denis, flambant neuve et dotée d'une salle de prière de 1 200 mètres carrés, située à deux pas de l'université.

« Des femmes crèvent dans le monde entier, et elles sont là, avec leur voile… »

Si la salle de prière clandestine semble relever de la légende, celle-ci ne vient pas de nulle part. À une station de métro de là, l'Institut universitaire de technologie (IUT) de Saint-Denis a connu une histoire similaire. En 2014, le directeur, Samuel Mayol, avait ordonné la fermeture d'un local occupé par une association d'étudiants musulmans dénommée... L'Ouverture. Sans résultat. Quelques mois plus tard, il avait même affirmé que la police avait trouvé une vingtaine de tapis de prière dans ce même local. En conflit avec Jean-Loup Salzmann, alors président de Paris-13 dont dépend l'IUT, il se voit suspendu, soupçonné d'islamophobie. Samuel Mayol sera finalement réintégré dans ses fonctions en 2017.

Retour au bâtiment B1, une jeune fille passe, en jilbab bleu et noir. En plus de ce voile long la couvrant de la tête aux pieds, elle porte des gants noirs.

Elle s'appelle Nour, elle a 20 ans et étudie l'anglais en licence. « C'est vraiment un choix, dit-elle d'une voix douce, à propos de sa tenue, celle des fondamentalistes. J'ai des amies voilées, pour toutes c'était un choix personnel, même si la famille n'était pas d'accord. Souvent, les parents sont contre pour protéger les enfants. » Au quotidien, Nour se heurte à de multiples difficultés. Lors d'un stage dans un service de soins à la personne, dans un centre de rééducation du XVIe arrondissement de Paris, l'infirmier en chef lui a lancé, après l'avoir aperçue dans les transports en commun la veille, avec son voile : « C'est un quartier de luxe, donc vous ne pouvez pas mettre votre voile juste à l'extérieur du centre, il faut d'abord sortir de la ville, loin de Paris. » Elle a obtempéré, de peur de perdre son stage. À Paris-8, ces difficultés n'existent pas, affirme-t-elle. Pas de regards hostiles, pas d'injures comme celles (« sale Arabe », « sale voilée », etc.) qui sont, dit-elle, son quotidien lorsqu'elle quitte Saint-Denis. « Moi je respecte toutes les religions et tout le monde. Ça ne me dérange pas de cohabiter avec d'autres personnes, qu'elles soient chrétiennes ou juives. C'est le vivre-ensemble, je vois pas le souci », dit-elle d'un air candide, sur le ton de l'évidence. Nour, comme d'autres étudiantes voilées rencontrées à Paris-8, évite tout de même de faire la bise aux garçons et s'imagine épouser un jour un homme de confession musulmane. Des étudiants non musulmans et des professeurs reconnaissent la multiplication de voiles islamiques, mais aucun ne fait part de frictions.

« Après plusieurs années d'enseignement, je ne ressens pas de tensions à ce sujet », témoigne de son côté Audrey Mariette, professeure de sciences politiques à Paris-8. « Des femmes crèvent dans le monde entier, et elles sont là, avec leur voile… On est mal à l'aise face à ça », fulmine pourtant Martine Roman. Elle résume en une phrase l'évolution qui la meurtrit : « Depuis trente ans, je mène un combat féministe, perçu aujourd'hui comme un combat raciste. »

Selon Naëm Bestandji, travailleur socioculturel dans les quartiers populaires, ayant participé à la création de l'association Ni putes ni soumises, « on ne peut pas être féministe et islamique, puisque le féminisme est l'égalité universelle ».

À l'image de Martine Roman, les militants du « féminisme laïque » critiquent l'entrisme islamique dans les associations étudiantes. Ainsi, Maryam Pougetoux, porte-parole de l'Unef (Union nationale des étudiants de France) à Paris-4, a-t-elle été qualifiée d'intégriste par la droite et l'extrême droite au printemps 2018, au motif qu'elle avait répondu à une interview en étant voilée. « Quand j'étais jeune, on cachait des jeunes filles pour éviter qu'elles soient envoyées en Algérie pour être mariées, se souvient Martine Roman. Maintenant, on les voile. Ce voile est fait pour dire : je ne reconnais qu'Allah et je ne me marierai qu'avec un musulman. »

Ancien vice-président de SOS-Racisme (1995-2000), fondateur en 2016 du Collectif des musulmans progressistes et laïcs, Nasser Ramdane Ferradj n'est pas loin de partager cette vision des choses. Lorsqu'on évoque l'islamisation de l'université dans le 9-3, il dresse un constat dérangeant : « Le problème, c'est que comme on a sous-estimé le danger que ça pouvait représenter, on se retrouve sur des universités, comme à Saint-Denis, où les cadres de lutte qu'on propose aux étudiants sont ethnicisés, racisés, et où les gens peuvent ou ne peuvent pas participer à telle réunion en fonction de leur couleur de peau. On a là le projet fasciste des islamistes », assène-t-il, en faisant allusion à ces réunions « non mixtes » visant à la « réappropriation d'une parole non blanche », organisées par divers collectifs ces dernières années au sein de Paris-8.

Ancien élu (PCF puis PS) de Noisy-le-Sec, Ramdane Ferradj va plus loin : selon lui, les islamistes ont purement et simplement « infiltré » les associations étudiantes du département. « Leur aura dans les universités ne serait pas possible s'ils n'avaient pas fait un travail interne, à l'UNEF par exemple, durant une décennie au moins », assure-t-il. À ceux qui, notamment à l'extrême droite, agitent le spectre du « grand remplacement », Ramdane Ferradj préfère opposer l'« entrisme ». « Entrisme et destruction de tout tissu associatif qui ne pense pas comme eux », affirme-t-il à propos des musulmans radicaux, au prosélytisme de plus en plus contagieux dans les facs du 9-3.

Quelle défiance entre les murs de Paris-8, temple supposé du savoir universel et de la lutte pour l'égalité des droits ! Il faut imaginer des arbres et des slogans soixante-huitards. Plonger un instant dans l'histoire de cette université pour comprendre la présence d'un islam plus visible qu'ailleurs. Peuplée d'étudiants et d'enseignants très politisés, la fac, fondée à Vincennes en 1968, fleure bon le marxisme et le freudisme. Dans cette « base rouge », l'anticléricalisme domine. Installée depuis 1980 à Saint-Denis, Paris-8 se singularise par une proportion élevée d'immigrés, d'enfants d'immigrés et d'étudiants étrangers. Il y a dix ans, environ 20 % d'étudiants se déclaraient musulmans et 11 % catholiques, selon une enquête interne de l'université. Charles Soulié, qui y enseigne la sociologie depuis plus de vingt ans, tempère la concentration de voiles islamiques dans le bâtiment B1 : « Les filles voilées, généralement issues de milieux plus populaires, ne vont pas aller faire des études d'art ou de théâtre, mais plutôt de langues ou de sociologie. Dire que l'islam politique est à l'œuvre à Paris-8, c'est excessif et délirant. »

Charles Soulié insiste : « Qui a le monopole de la représentation politique à Paris-8 ? C'est encore la petite bourgeoisie blanche de gauche. Pas les musulmans. » Une réalité que refuserait de voir Martine Roman.

Elle dit aller au travail la boule au ventre, dans ce terrain qu'elle pense « conquis » par les musulmans. Elle qui affirme avoir été menacée, notamment « par des sites islamistes », est certaine de la justesse de son combat, quand bien même elle en paierait le prix fort : « Ma carrière a été foutue à cause de ça. »

17.

Le nettoyeur

Il a fait le ménage. Plus de 5 000 casiers perquisitionnés, des vestiaires éventrés, 80 habilitations retirées pour des faits de radicalisation, la mise en place d'un service de renseignement dédié et intrusif... Les quelque 800 entreprises de la zone aéroportuaire de Roissy, à cheval sur les départements de la Seine-Saint-Denis et du Val-d'Oise, se souviennent avec émotion du passage du préfet Philippe Riffaut, en poste là-bas de 2014 à 2017. Ce fonctionnaire à poigne arbore un CV de professionnel de la sécurité : quatre ans passés à l'Élysée comme conseiller de Jacques Chirac, puis des postes prestigieux et à responsabilité. Avant donc de clore sa carrière à Roissy, dont deux dernières années en pleine paranoïa post-attentats.

Il vient tout juste de prendre sa retraite, mais nous l'avons retrouvé. À Saint-Maur-des-Fossés, commune cossue du Val-de-Marne, dans un café. Et son discours est toujours sans concession. Comme à l'époque. Il se souvient de son arrivée à Roissy : « On m'avait raconté qu'au moment des attentats, le 11 septembre 2001, certains avaient applaudi, voire ouvert le champagne... » Trois années passées à craindre l'attentat, c'est marquant. Car, dit-il, « il n'y a rien de plus facile que de faire un attentat dans une aérogare. C'est d'une simplicité... Quelqu'un qui entre avec une kalachnikov, il fait forcément du dégât avant même que les forces de l'ordre interviennent »...

Trois années vécues, aussi, en gérant les prurits communautaires des syndicats d'entreprise, emportés dans une sorte d'islamisation du secteur professionnel. « La question de la religion en entreprise, ça reste un grand sujet, estime le préfet Riffaut. De même que le détournement des fonctions des syndicalistes au profit de la défense communautaire et pas de la défense des salariés. »

Le 19 novembre 2015, jour de perquisition, moins d'une semaine après le Bataclan, les agents de la police aux frontières et de la gendarmerie du transport aérien progressent en ordre serré dans des couloirs interdits au public de l'aéroport de Roissy. Ils font ainsi irruption dans les vestiaires de Servair, une filiale d'Air France chargée du nettoyage et de la restauration dans les avions. Les agents tombent sur une femme de ménage : « Vous devriez faire ça plus souvent », leur lance-t-elle avant d'expliquer que les nombreux tapis de prière disposés sur le sol des vestiaires la gênent pour passer l'aspirateur. L'anecdote confirme les soupçons des responsables de la sûreté de la plateforme. Servair traîne la réputation d'accueillir des individus radicaux. Les services de renseignements ont listé des noms de salariés dont l'apparence ou les fréquentations sont observées avec suspicion. Ces mêmes salariés ont accès aux 1 500 avions qui décollent ou atterrissent quotidiennement à Roissy. Les résultats de l'ouverture des casiers chez Servair ne sont pas significatifs. Des tapis de prière sont retrouvés ainsi que de la « littérature engagée », selon Philippe Riffaut : « Il y avait un truc amusant dans un casier. Des numéros spéciaux d'une revue d'histoire sur les croisades et le bouquin *Les Mémoires de Monsieur Kalachnikov, ma vie en rafale.* Dans un casier professionnel d'une entreprise, c'est quand même bizarre. »

D'autres perquisitions sont réalisées les jours suivants. 5 000 verrous de casiers sur les 88 000 de l'aéroport sont fracturés. Au total, quinze entreprises sur la plateforme sont visées, d'Air France Cargo à Fedex.

« Qu'est-ce que je dois faire,
ils ont tous accès aux avions ! »

Les responsables de Fedex, leader mondial du secteur des livraisons express, détournent soigneusement leur regard du problème. « Je me suis aperçu que beaucoup faisaient l'autruche », se rappelle le préfet. Notamment Fedex donc, d'après notre enquête, même si Philippe Riffaut ne veut pas citer son nom. « Je me souviens d'une entreprise extrêmement importante au sein de la plateforme. La première fois où je suis allé la voir après ma prise de fonctions, quand j'ai abordé le sujet radicalisation, c'était : "Je ne comprends pas de quoi vous parlez." Un peu plus d'un an après, c'est eux qui étaient demandeurs d'informations. Une fois, j'appelle le patron, sur la base de signalements qu'on avait de la DGSI, et je lui dis : "On a quelques noms qui semblent poser problème." Le patron les note et me rappelle, épouvanté, en me disant : "Oh là là, qu'est-ce que je dois faire, ils ont tous accès aux avions !" Il y a eu évidemment une prise de conscience pendant ces deux années, à cause des attentats. »

De fait, les attaques terroristes de 2015 bouleversent le traitement de la pratique de l'islam au sein des entreprises présentes sur l'aéroport, en développement constant. En outre, la plateforme accueille un nombre important de salariés musulmans, surtout aux postes demandant peu de qualifications. Bagagistes, femmes de ménage, conducteurs de bus, la plupart viennent de Seine-Saint-Denis.

Les entreprises dont les salariés sont rarement en contact avec des voyageurs sont les plus concernées. Des employées se sont ainsi mises à porter le voile, comme ces agents d'entretien qui se lèvent parfois à trois heures du matin pour nettoyer l'intérieur des avions et que personne ne voit vraiment. Des salariés de sandwicherie ne veulent plus toucher de jambon. D'autres ne manipulent plus les alcools vendus dans les duty-free. Un agent chargé du remboursement de la TVA sur certains produits refuse même de s'occuper de la détaxe de boissons alcoolisées pour avoir la conscience tranquille. Et que dire de ce chauffeur de bus qui en plein service se met à glorifier les attentats ? Les fameux « signaux faibles » que traquent tous les services de renseignement.

« La difficulté du signal faible, souligne François Mainsard, actuel préfet délégué aux aéroports de Paris, c'est de différencier quelqu'un qui pratique sa religion de manière plus stricte que les autres de quelqu'un qui est radicalisé. Les signaux faibles sont des petites choses, qui additionnées les unes aux autres peuvent faire réfléchir. À ma connaissance, on n'a pas de fait de prosélytisme djihadiste. Ce sont des faits de prosélytisme religieux. »

Manuel Gonçalves, délégué central CGT à Servair, évoque notamment des réactions quand des « gars musulmans » mangent en plein ramadan. « Avant, il n'y avait pas de remarques. Mais, maintenant, des musulmans font le ramadan pour copier les autres, afin de ne plus être embêtés par certaines remarques désobligeantes. »

Michel Brissaud, ancien DRH d'un grand groupe d'assistance au sol, parle aussi du ramadan comme d'une période de tension : « Un bagagiste soulève trois à quatre tonnes pendant sa vacation. Pendant le ramadan, il ne va ni boire ni manger du lever au coucher du soleil et, en été, il fait parfois 45 degrés sur le tarmac. Si un agent fait un petit malaise pendant qu'il porte une valise, ce n'est pas grave. Mais si c'est en train de conduire une rampe d'accès à l'atterrissage, c'est différent. Une nacelle qui cogne un avion, c'est plusieurs millions d'euros de dégâts. » Conséquence : le DRH se sentait contraint de faire quelques entorses au droit du travail. « J'étais obligé de m'arranger avec les boîtes d'intérim avec lesquels je travaillais. Je leur disais : "Si vous pouviez nous envoyer des gens qui ne font pas le ramadan, c'est mieux." » À charge pour l'agence d'intérim d'évaluer si une personne va respecter le jeûne ou pas. Une estimation qui ne peut que se faire sur une apparence ou un nom de famille à consonance arabe, puisqu'une question sur la religion ne peut être posée à un candidat. « Est-ce que c'est de la discrimination à l'emploi ? Juridiquement oui, assume Michel Brissaud. Mais dans l'esprit, non.

L'objectif, c'est de ne pas rajouter des problèmes au problème. »

« Je ne vais pas à la mosquée pour distribuer des tracts CGT »

Autre pratique délicate à laquelle a été confronté l'ancien DRH : la prière. « Elle ne constitue pas en elle-même une menace, relate le préfet Riffaut. Mais elle crée un climat de communautarisme, ça fabrique des malaises. » Michel Brissaud en témoigne : « Un vendredi, vers minuit, je reçois un appel. C'est la directrice de la filiale cargo. Elle me dit qu'il y a une bagarre dans les vestiaires. Un salarié est entré et a découvert des collègues en train de prier. Il leur a dit : "On n'est plus chez nous." Le ton est monté. » Vestiaire, salle de sport, galerie de bagages : la prière se fait dans toutes les pièces et, par précaution, à l'abri des regards. Régulièrement, des tapis ou des cartons, utilisés pour la prosternation, sont découverts dans des placards. La prière reste néanmoins une pratique individuelle et minoritaire. Aucune mosquée clandestine n'a été démantelée, contrairement à ce que laissait entendre le pamphlétaire vendéen Philippe de Villiers.

Il existe pourtant plusieurs salles de prière dans l'enceinte de l'aéroport, mais construites très officiellement et financées par Aéroports de Paris (ADP). Trois imams reçoivent aussi bien les voyageurs que les salariés, à côté de plusieurs prêtres, pasteurs ou rabbins. Sauf que la plateforme s'étale sur 23 kilomètres carrés. Pour les employés, le trajet à parcourir est trop long pour implorer Allah le temps d'une simple pause.

Certains demandent ainsi régulièrement à des patrons ou à des syndicalistes l'installation de salles plus officieuses. « Quand on me demande le local syndical pour prier, je réponds toujours que je ne vais pas à la mosquée pour distribuer des tracts CGT », s'indigne Manuel Gonçalves. Le délégué général de la centrale de Montreuil chez Servair reconnaît également avoir dû enlever un calendrier avec les horaires de prière affichés dans le local syndical.

En revanche, d'autres syndicats attisent discrètement le feu religieux dans le but de freiner la baisse du nombre de leurs adhérents ou de grappiller quelques points lors des prochaines élections professionnelles. En 2014, l'Unsa distribue des tracts au moment du ramadan en mentionnant les horaires de prière. Des membres de la Confédération française des travailleurs chrétiens (CFTC), avaient déjà donné des tracts où le second C était remplacé par « coranique » dans l'espoir d'attirer de nouveaux membres. En 2011, la CGT Air France, qui contrôle alors le comité d'entreprise, vote pour que la viande servie à la cantine soit exclusivement halal. Après quelques semaines, la direction d'Air France décide de revenir sur cette décision. Des tergiversations qui remontent à loin, avec de vraies conséquences. « On a quand même eu des gens qui gravitaient autour de la CGT et qui posaient problème, témoigne Philippe Riffaut. Dans des entreprises sensibles. AF industrie par exemple, où l'on répare des avions. Parfois des avions militaires. Il y a des zones secret défense dans leur entreprise… Il y a eu quelques soucis. » Quatre ans plus tard, la CGT Air France se retrouve de nouveau sous le feu des projecteurs.

Un mois après les attentats du Bataclan, le secrétaire général de la centrale, Philippe Martinez, révèle avoir exclu sur la plateforme aéroportuaire 500 adhérents (sur 2 000) considérés comme « intégristes » ou influencés par ces derniers. Sur quels critères ? Impossible de le savoir. Mais la décision a largement contribué au revers subi par la CGT aux élections professionnelles de 2014, perdant sa place de premier syndicat à Air France.

Le succès du Syndicat libre et indépendant du collectif aérien (Slica), très présent chez Servair, l'entreprise d'avitaillement et filiale d'Air France, laisse aussi songeur. Comment ce syndicat, créé seulement en 2008, a-t-il pu s'approcher des 20 % des voix quatre ans plus tard ? Pour le DRH Michel Brissaud, la réponse est simple : « Ils ne reprennent pas des revendications religieuses, mais ils disent aux musulmans croyants : "Toi, homme de foi, tu es discriminé et on va te protéger." »

« Les organisations syndicales ont dû accepter l'inacceptable »

Selon Philippe Riffaut, le Slica surfe moins sur des revendications religieuses que sur un communautarisme, souvent fondé sur les origines des travailleurs et qui pousse à un recrutement endogène : « Quand je dis communautarisme, ça veut dire que quelqu'un qui n'est pas de la communauté et qui se fait embaucher ne reste pas longtemps, précise l'ancien préfet. On assiste à l'élection de délégués syndicaux communautaristes. Puisqu'ils sont protégés, ils peuvent négocier une espèce de deal avec le chef d'entreprise. Le patron sait qu'en recrutant une personne de la communauté on lui foutra la paix. En contrepartie, il est obligé d'accepter le système. Dans l'entreprise communautarisée, il y a un système féodal. Le syndicaliste fait le maintien de l'ordre dans l'entreprise, garantit au patron que les autres travaillent. En échange, le patron doit embaucher les gars que le syndicaliste lui demande. » Des propos confirmés par Raphaël Caccia, à Roissy depuis plus de vingt-deux ans, membre de la CFDT : « En vingt ans, il y a eu importation de la culture de la cité dans l'entreprise. »

Résultat, le Slica est placé sous étroite surveillance, comme en convient le préfet Mainsard : « Le Slica est suivi, ce syndicat fait l'objet de notre attention. »

Ce communautarisme exacerbé a vraiment démarré en 2008. Cette année-là est promulguée la loi sur la représentativité syndicale. Une des mesures impose aux syndicats de recueillir plus de 10 % des voix aux élections professionnelles pour pouvoir s'asseoir à la table des négociations. « Les organisations syndicales, pour rester représentatives, ont dû accepter l'inacceptable », s'insurge Raphaël Caccia. Au même moment, de nouveaux syndicats, comme le Slica, se constituent.

Les entreprises, contactées, tiennent toutes le même discours : elles n'acceptent aucune concession. Du moins officiellement, pour ne pas créer la polémique. En réalité, elles préfèrent fermer les yeux sur certaines pratiques. Même quand des listes aux élections professionnelles regroupent quasi exclusivement des Marocains ou des Algériens. « Des entreprises ont vu d'un bon œil l'arrivée de ces communautarismes, parce que c'est un moyen pour eux d'acheter une paix sociale », constate Raphaël Caccia.

Le traumatisme des attentats de 2015 remet en cause ce laxisme observé dans les sociétés sises à Roissy. Philippe Riffaut arrive au poste de préfet délégué à Aéroports de Paris juste avant le carnage de *Charlie Hebdo*. « J'ai rapidement écrit au ministre de l'Intérieur pour dire qu'en matière de renseignement, on était en dessous des plus basses eaux. » Malgré les « on-dit » sur les pratiques religieuses radicales, les informations sur les potentielles menaces représentées par certains profils sont faibles. Il faudra attendre février 2017 pour voir une branche des renseignements de la préfecture de police de Paris s'implanter à Roissy.

La principale mission dévolue à cette trentaine de nouveaux agents consiste à prendre contact avec les chefs d'entreprise pour tenter de détecter ces fameux signaux faibles. Un salarié a-t-il subitement changé de comportement ? A-t-il modifié son apparence ? Ses fréquentations semblent-elles suspectes ? Au départ, les patrons des entreprises présentes sur l'aéroport esquivent : « Tant que l'entreprise tourne, ils n'ont pas intérêt à nous dire ce qu'il se passe », remarque François Mainsard. « Je disais aux chefs d'entreprise : "Si vous ne pouvez pas éradiquer le sujet parce que vous avez laissé les choses s'enliser, au moins régulez-le", se rappelle son prédécesseur, Philippe Riffaut. Certains m'ont répondu : "Je ne vois pas de quoi vous parlez..." »

Il a encore en mémoire une affaire restée secrète. « Chez Air France. Une femme pilote avait eu des problèmes avec un membre du personnel d'AF qui avait refusé de lui parler, y compris dans une manœuvre de sécurité. C'est un cas qui officiellement n'existe pas. Mais qui s'est bien produit. Et on sait très bien qui est la femme pilote. AF l'a toujours démenti alors que la préfecture savait précisément ce qu'il s'était passé. » Un événement va pousser certains patrons à collaborer avec les services de renseignement. Le 26 juin 2015, le patron d'une société de transport se fait décapiter par son employé se revendiquant de Daesh à Saint-Quentin-Fallavier (Isère). À Roissy, des patrons s'angoissent de connaître le même sort. Ils commencent à donner des noms de personnes suspectes aux services de renseignement. Les attaques à Paris et à Saint-Denis le 13 novembre 2015, puis les attentats-suicides de Bruxelles du 22 mars 2016, achèveront de convaincre la plupart des chefs d'entreprise.

L'accès au tarmac est au centre des préoccupations des services de sécurité. Pour y pénétrer, un salarié doit être muni d'un badge d'habilitation, dont l'attribution est renouvelée tous les trois ans après enquête. Dans l'urgence post-Bataclan, ordre est donné de passer au crible de nouveau tous les salariés. Sur la période 2016-2017, 80 badges sont retirés à des employés suspectés de radicalisation. Un nombre à comparer aux 500 habilitations retirées ou refusées à des salariés pour des faits de délinquance de droit commun. La définition des critères pour considérer un individu radicalisé reste fragile. Les salariés qui ne serrent plus la main aux femmes sont automatiquement écartés. La taille de la barbe, l'apparence vestimentaire sont scrutées par les services de renseignements. Pour les plus suspects, l'enquête dépasse le cadre de l'aéroport. Leurs fréquentations sont épiées.

Mais rigorisme religieux n'est pas synonyme de radicalisation violente. Et puisque le retrait de l'habilitation équivaut à un licenciement, les services de renseignement reconnaissent qu'ils mettent parfois au chômage des employés sur la base de simples soupçons. La base juridique est fragile, et régulièrement mise à mal par le tribunal administratif. Des dizaines de décisions de retrait de badges ont été annulées. Depuis son arrivée à la tête de la préfecture aux aéroports de Paris en mai 2017, François Mainsard n'a retiré aucune habilitation. Désormais, la stratégie consiste à laisser les salariés suspects travailler à Roissy… pour mieux enquêter sur eux.

Nous pouvons ainsi le révéler : une cellule regroupant préfet, service de renseignement et forces de l'ordre s'est constituée pour recenser les employés suspects de l'aéroport. Ces individus sont classés en trois groupes, de vert à rouge, les plus dangereux. Le groupe d'évaluation des aéroports (GEA) est aussi chargé de décider des mesures de surveillance à prendre. François Mainsard ne veut pas donner de chiffre précis mais évoque « plusieurs dizaines » d'individus concernés. Filatures et écoutes tous azimuts. Personne n'y échappe. Et le préfet de lâcher ce surprenant aveu : « On s'intéresse à tous les syndicats… » Le sourire en coin, il refuse d'en dire plus.

18.

Le missionnaire

Il a quitté Sevran, une nuit de 2014, ses affaires entassées dans un camion. Inquiet, amer. Il n'y retourne plus depuis. Trop de souvenirs. Bons et mauvais. Mohammed Chirani a senti la Seine-Saint-Denis basculer, lui qui a grandi en Algérie, où il a connu l'intégrisme religieux, le terrorisme aveugle... C'est peut-être cela, le fondement de son combat personnel, celui qui l'a amené un temps sur les plateaux de télévision à dénoncer le communautarisme.

Il est rentré dans le rang, lutte désormais contre la radicalisation dans les prisons au profit de l'administration pénitentiaire... Il préfère raconter son expérience du 9-3, son ancienne terre de mission, à Paris, accoudé à la table d'un café de ce Quartier latin qu'il aime tant. Sa parole est brute, avec le ton d'un écorché vif. Il aime se mettre en scène sous un jour qui l'arrange. Ancien délégué du préfet pour les quartiers sensibles du 9-3, Mohammed Chirani connaît bien la Seine-Saint-Denis. Le quadragénaire a fait de la crise des banlieues son cheval de bataille. Et aussi son gagne-pain, notent ses détracteurs.

En 2010, Mohammed Chirani postule donc comme « délégué du préfet dans les quartiers sensibles » du 9-3. Ces délégués sont des « objets administratifs non identifiés » selon les mots de Claude Morel, le préfet délégué à l'Égalité des chances de l'époque. Lors de son entretien d'embauche, Mohammed Chirani pose la question suivante : « Quel est le quartier le plus difficile, celui pour lequel vous ne trouvez pas de volontaires ? » Réponse de Claude Morel : « Les Beaudottes, à Sevran. »

Sa mission sera donc de faire l'intermédiaire avec les quartiers à l'abandon, là où la République a perdu pied, notamment depuis la suppression de la police de proximité lors du quinquennat Sarkozy. Il passe cinq ans en immersion totale aux Beaudottes à Sevran et loge dans le quartier de Chanteloup, situé dans la ville voisine d'Aulnay-sous-bois. Une zone industrielle où se côtoient logements sociaux vétustes, extérieurs peu entretenus, un Intermarché fatigué et un terrain multisports. Son bureau se situe à la sous-préfecture du Raincy, mais son travail ne se limite pas à écrire des rapports. Il travaille la majeure partie de son temps dans les quartiers des Beaudottes, Rougemont ou encore Montceleux-Pont-Blanc. « J'avais perçu dès 2013 qu'il y avait une montée des pratiques problématiques, notamment d'inspiration salafiste. En termes de rupture, ce sont eux qui vont le plus loin », commence Mohammed Chirani, un double expresso devant lui. Proche de la mouvance des Frères musulmans lorsqu'il était scout en Algérie, et cela jusqu'à l'âge de 19 ans, Mohammed Chirani ne croit plus en l'islam politique aujourd'hui. Lorsqu'il publie son livre *Réconciliation française : notre défi du vivre-ensemble* (François Bourin,

2014), son cri d'alarme au sujet de la fracture identitaire des banlieues n'est pas entendu. Pire, il n'est même pas écouté par sa hiérarchie. La radicalisation et le communautarisme ne sont pas encore au cœur de l'actualité, et les attentats perpétrés par Mohamed Merah en mars 2012 ne sont considérés que comme un « accident » isolé. « Alors que c'était une sonnette d'alarme : on avait trois ans pour se préparer », regrette Mohammed Chirani.

Avec les citoyens issus du milieu associatif qu'il rencontre une fois installé dans son appartement d'Aulnay-sous-Bois, il commence à mobiliser des personnes venues d'univers variés autour de différents projets pour changer le quartier et la vie de la cité. Le jeune délégué du préfet se met à rêver à voix haute. Il veut transmettre ce qu'il sait, mais avant tout, il pense sincèrement que les gens peuvent s'entraider. Pour mieux pousser les citoyens à se prendre en charge, il applique à son réseau sevranais sa passion du *community organizing* qu'il a découvert lors d'un séjour à Chicago, une méthode de management notamment utilisée par Barack Obama. La formule prend, et Chirani voit son modèle fétiche se mettre en place, il observe la communauté s'organiser…

Un drôle de type, ce Chirani. Attiré par Chirac, puis Sarkozy, enfin Royal, il sait se vendre. Sensibiliser l'opinion, surtout celle des quartiers, est son mantra. Il identifie le mal originel, distillé lors du quinquennat Sarkozy par le conseiller très droitier du président, Patrick Buisson : Chirani fustige le débat créé alors autour de l'« identité nationale », qui a fait, selon lui, prospérer les thèses les plus radicales : « Il y a des vrais Français et des faux Français ? Le salafisme s'est rapidement nourri de ces thèses de rupture et a confirmé cela en disant que le pays dans lequel les musulmans de France vivaient était fait de mécréants qui ne les reconnaissaient pas. »

En bas des barres d'immeubles de Rougemont ou des Beaudottes, le délégué du préfet observe la montée de revendications identitaires communautaires qui attestent cette rupture. Cet islam nouveau séduit, principalement les jeunes, pour lesquels la République est une idée de plus en plus abstraite. « J'étais dans un quartier où il y avait 50 % de chômage chez les gens de moins de 25 ans, explique Mohammed Chirani. L'offre religieuse est rapidement venue combler un vide sidéral créé par les institutions et les pouvoirs publics. »

« Illettrisme religieux et surenchère de la propagande culturelle et communautaire »

Dans son livre, Mohammed Chirani dénonçait l'apparition de clivages identitaires, voire sectaires, qui régissent la France depuis une dizaine d'années. « Ce sont les deux faces d'une même pièce, comme il aime le résumer. Mais toutes deux ne veulent qu'une chose : la rupture, poursuit-il. D'un côté, on a un discours xénophobe et islamophobe, de l'autre, un discours salafiste-djihadiste qui apporte un argumentaire religieux à cette rupture. »

En mission pour le préfet, il relève les marques de cette rupture identitaire qui se manifeste avant tout par la volonté de rester entre soi. Ces jeunes pratiquent ce qu'il appelle ironiquement l'« islam fast-food » ou encore l'« islam ketchup mayonnaise », « une alliance d'illettrisme religieux et de surenchère de la propagande culturelle et communautaire ».

Et une ville comme Sevran est « un terreau pour le salafisme djihadiste », assure-t-il. Entre shit, chômage et petits boulots, les jeunes que le délégué du préfet fréquente au quotidien se tournent de plus en plus vers la religion. « Mon but était de proposer autre chose. De faire en sorte que les gens de différentes cultures et religions travaillent sur un même projet. »

Pour Chirani, Sevran offre un raccourci inquiétant du mal qui ronge les banlieues françaises. Face à la tentation communautariste qui attire petit à petit ces jeunes dont il est proche, il se sent parfois très seul, même découragé. Par exemple lorsqu'il constate que des étudiants du 9-3 intégrés, qui travaillent, décident de monter des listes musulmanes pour les élections locales. « Si même les gens qui ont réussi vont vers le communautaire, c'est bien qu'il y a un réel problème sociétal et que le "ghetto" est déjà bien installé, regrette-t-il. Je leur demandais s'ils avaient dans leurs connaissances des amis non musulmans ou qui, simplement, habitaient dans la zone pavillonnaire. Malheureusement, aucun non musulman ne faisait partie de leurs cercles d'amis. J'ai halluciné… À leur tour, ils m'ont reproché d'avoir plein d'amis non musulmans. Mais je vis, vous vivez, en France, non ? »

Accompagné d'une bande d'amis dont Mathieu Collet, cofondateur de l'agence de communication Euros, Mohammed Chirani s'est lui-même présenté comme tête de liste du Mouvement citoyen pour Sevran, à l'aube de la campagne pour les élections municipales de 2014.

À 36 ans, il estime que le moment est venu de se dépasser. Chirani publie sur le site du *Huffington Post* un texte au ton vindicatif. Il est intitulé : « Monsieur le préfet du 93, je démissionne car la situation est grave ». Il explique les raisons de son départ, pointe les dysfonctionnements et l'impuissance de l'État à régler le problème des quartiers populaires. Il assure avoir atteint « ses limites » et ne plus pouvoir « se résoudre à constater l'impuissance face à une réalité sur laquelle les acteurs publics perdent dramatiquement prise ». Il raconte son expérience à Sevran, une ville « dont les contrastes ne sont plus des aspérités productives mais des contradictions qui affaiblissent notre pacte républicain ». Mohammed Chirani y décrit une ville coupée en deux : « D'un côté, une jeunesse livrée à elle-même, un trafic de drogue impliquant des gamins de 8 ans, des familles ne se nourrissant qu'une fois par jour ; et, de l'autre côté, on trouve des classes moyennes écrasées par les impôts, rejetant le principe même de solidarité au motif de son ineffectivité [...]. Il y a aussi, parce qu'il faut dire les choses, d'un côté les Blancs, de l'autre... les autres. »

Les mots sont abrupts. À l'image du personnage. Mohammed Chirani quitte ses fonctions. C'est le grand plongeon dans la politique du 9-3.

« Préserve ta foi ! Ne vote pas ! »

Face à lui, le novice a d'ores et déjà un obstacle de taille, qu'il connaît bien : Stéphane Gatignon, en poste depuis 2001. Le maire sortant est le porte-étendard d'un système politique que Chirani entend bien bousculer. À la sortie d'un meeting que le jeune candidat vient de tenir dans une salle des fêtes de Sevran, à l'automne 2013, des jeunes salafistes viennent distribuer des flyers. Imprimé en couleurs sur une feuille A4, le message du tract, dont nous avons pu récupérer une copie, est limpide. Sur une carte de France, où une urne est barrée d'un panneau de sens interdit, il est écrit : « Préserve ta foi ! Ne vote pas ! Ni urnes, ni politiciens, œuvre par et pour l'islam, et plaçons notre confiance en Allah. » La petite bande à l'origine du tractage fréquente la mosquée des Radars, la salle de prière de Rougemont également surnommée « mosquée Daesh », fermée après les attentats de novembre 2015. Ils sont menés par Ilyes B,. cet ancien agent du collège Georges-Brassens de la ville, devenu « rabatteur-endoctrineur » pour Daesh. Parmi la colonne de salafistes présents au rassemblement se trouve Quentin Roy, jeune Sevranais mort en 2016 en Syrie après avoir rejoint les rangs de l'État islamique, à l'automne 2014.

L'ancien délégué a vu ces jeunes évoluer, passer subitement des virées en RER B pour aller en soirée à Paris au rigorisme de l'islam salafiste. « C'est lorsque j'ai vu qu'Ilyes portait une barbichette traditionnelle de salaf et arrêtait de serrer la main aux filles, alors qu'avant il leur faisait la bise, que je me suis dit qu'il y avait un problème », se souvient Chirani. Témoin de la radicalisation d'une partie de la jeunesse de la ville, il ne s'était pourtant jamais douté que certains d'entre eux iraient jusqu'à envisager un départ vers les terres du « Califat ». Son obsession à l'époque, c'est vrai, n'était plus d'alerter au sujet des risques liés à la mouvance salafiste, c'était bien de gagner l'élection municipale.

Mais son rêve de grand rassemblement tourne court. Lors d'un dîner aux Pavillons-sous-Bois, en novembre 2013, tous ses soutiens sont réunis. Les « jeunes du quartier », des trentenaires venus des associations de locataires de Chanteloup… Ceux-là mêmes que Mohammed Chirani côtoyait et aidait lorsqu'il était encore délégué du préfet. Autour des grandes tables de la salle des fêtes, l'assemblée débat de la question du voile. Une partie des convives, surtout les plus jeunes, soumet l'idée de faire figurer sur l'affiche de campagne une candidate voilée.

« Il y avait des filles voilées dans ma liste. Mais c'était discret. Elles apparaissaient déjà sur certaines affiches, mais on ne voyait pas leur voile, ou alors juste à peine. Pourquoi le montrer et le revendiquer ? Je leur ai dit qu'ils allaient envoyer les filles au casse-pipe », raconte aujourd'hui Mohammed Chirani, agacé.

Moins d'une semaine après la soirée aux Pavillons-sous-Bois, une réunion, convoquée par les « dissidents » de la liste, statue du sort de Chirani : ce sera la destitution. Mais il refuse de se laisser ravir le Mouvement citoyen pour Sevran par une faction communautariste, menée par Seïd Ferrat. « On m'a donné le choix entre rester, fermer ma gueule et tout lâcher, ou bien partir, se souvient Mohammed Chirani. Je leur ai dit : “Faites donc votre liste communautaire, et que le meilleur gagne…” » Lui lance une nouvelle liste, baptisée Ensemble nous sommes Sevran.

Voyant une possibilité d'occuper l'espace politique laissé vacant, à Sevran, par la droite et doubler ainsi la liste communautaire rivale conduite par Seïd Ferrat,

Mohammed Chirani effectue un revirement inattendu en janvier 2014 : sa liste obtient le soutien de l'UMP. Ce ralliement de dernière minute lui fait perdre son directeur de campagne, écœuré d'être soutenu par la droite. « À cette époque, je n'étais animé que par une chose : réussir à nouveau à me faire entendre et prouver que je pouvais y arriver. J'ai été pragmatique. Je voulais aussi me venger de la liste dissidente », explique aujourd'hui Mohammed Chirani, qui n'en est pas à un revirement près.

« J'ai ramené un camion dans la nuit, chargé toutes mes affaires et je me suis barré »

La campagne des municipales s'achève dans une lutte fratricide.

Le 23 mars 2014, la liste, comptabilisée dans les divers droite et emmenée par Mohammed Chirani, glane 8,13 % des suffrages. La liste de Seïd Ferrat fait presque jeu égal, en obtenant 7,79 %, tandis que Stéphane Gatignon se qualifie haut la main pour le second tour avec 42,5 % des voix.

Nanti d'un score correct, Mohammed Chirani n'aura pas le temps d'en profiter. « J'ai dû quitter Sevran. Toute la racaille qui soutenait le maire m'a menacé. Ils étaient en bas de chez moi, au café, juste en face. Alors je me suis fait discret, j'ai ramené un camion dans la nuit, chargé toutes mes affaires et je me suis barré », raconte l'ancien candidat, encore marqué par cet épisode. Il se réfugie un temps chez sa sœur, puis décide de partir pour l'Angleterre au mois de décembre 2014.

Quelques jours avant son départ, il réunit ses amis au Café des Éditeurs à Saint-Germain-des-Prés. Au milieu des fauteuils cossus de l'établissement prisé de l'intelligentsia parisienne, dans son élément, il se lève pour dresser un tableau très noir de la situation dans les banlieues françaises et de la radicalisation de la société. « Ça va tirer à la kalachnikov, prophétise Chirani. Mais ce sera sans moi. Je ne serai plus là. » Il tourne la page de la politique et du 9-3. Décidé à se reconvertir, il prend des cours d'anglais renforcé. Le mercredi 7 janvier 2015, Mohammed Chirani est devant la télé de son appartement de Brighton. Il découvre avec effroi les images de l'attentat perpétré par les frères Kouachi contre la rédaction de *Charlie Hebdo*. Deux jours après, l'attaque contre l'Hyper Cacher le convainc de rentrer en France. « C'est à ce moment-là que j'ai commencé à réactiver mes réseaux et à m'engager sur le domaine de la radicalisation. » Il retrouve vite les thématiques sociales et éducatives qu'il avait connues lors de ses années d'observation pour le préfet à Sevran et dans tout le département de Seine-Saint-Denis.

Son premier livre est redécouvert par les observateurs et le voilà désormais invité par les médias comme « consultant en prévention de la radicalisation ». Sa connaissance de l'islam des banlieues est précieuse pour des médias avides d'« experts » en tout genre, surtout sur ces quartiers populaires qu'ils connaissent si mal. « Des gens du milieu, des journalistes, m'ont pris pour un charlatan. »

Quelques jours après les attentats du 13 novembre 2015 qui frappent la capitale et le Stade de France à Saint-Denis, Mohammed Chirani est contacté pour participer à un débat sur iTélé, en compagnie d'un représentant du Conseil français du culte musulman. L'occasion est trop belle pour lui. « En Algérie, pendant les années de terrorisme, j'étais trop jeune, je ne pouvais rien faire, se souvient-il. Au moment de la vague d'attentats de 2015, j'ai senti l'ampleur du drame pour la société française et pour les musulmans de France en désaccord total avec ces thèses-là, qui étaient abasourdis. Je ne pouvais pas rester impuissant. » Pendant vingt-quatre heures, Mohammed Chirani se cloître seul chez lui et prépare son intervention. « J'ai commencé à scénariser ce que j'allais faire. Je me demandais comment créer une sorte d'union, en envoyant un message fort à la société française contre le terrorisme. »

Le 19 novembre 2015, sur le plateau d'iTélé, il livre sa prestation, minutieusement réglée et récitée par cœur. Coran dans une main, carte d'identité et passeport français dans l'autre, il se lance dans un monologue de plus de 2 minutes, en arabe, dans lequel il s'adresse face à la caméra aux terroristes. En direct, sous les yeux médusés du présentateur. La vidéo fait rapidement le tour des réseaux sociaux. « La régie était en panique, sourit Chirani. Les gens qui ne me connaissaient pas ont dû se dire que j'étais fou. Comme les djihadistes brûlent leur passeport, je me suis dit qu'à l'inverse il fallait que j'embrasse le mien, face à la caméra. » Deux jours après, il est contacté par David Thomson. Le journaliste français, spécialiste de la mouvance islamiste radicale, a vu passer des messages de menaces visant Mohammed Chirani sur plusieurs comptes twitter affiliés à Daesh.

Le consultant Chirani se fait alors plus discret, mais continue de s'impliquer dans la prévention. Il lance des projets de « contre-discours » autour de la religion musulmane *via* des vidéos et une chaîne YouTube, Parle-moi d'Islam. En 2017, il publie un deuxième ouvrage, *Islam de France : la République en échec* (Fayard). Aujourd'hui éloigné des plateaux télés et des tribunes des journaux, il continue à œuvrer contre la radicalisation. Dans l'ombre. Il travaille désormais, au sein de l'administration pénitentiaire, à la mission de lutte contre la radicalisation. Fleury-Mérogis, Fresnes, Villepinte, mais aussi Condé ou Lille… Il intervient auprès de détenus radicalisés et d'autres écroués pour terrorisme.

Résolument optimiste, Mohammed Chirani estime que la majorité des détenus radicalisés qu'il rencontre entre quatre murs sont « sauvables ». Tenté un temps par l'aumônerie musulmane, il s'est heurté, prétend-il, au « foutoir total » de la gestion opérée par le CFCM, et pointe le manque de repères de l'islam de France, particulièrement en Seine-Saint-Denis. « On laisse cette gestion à des gens qui ne sont pas ancrés dans la réalité sociologique de la jeunesse des quartiers. Le problème est là. Il y a une déconnexion totale qui profite à Daesh », alerte-t-il.

Friand de références littéraires, Chirani convoque, un brin poseur, le philosophe communiste italien, Antonio Gramsci : « Le vieux monde se meurt, le nouveau tarde à apparaître, et dans ce clair-obscur surgissent les monstres. » « En un sens, veut croire Chirani, il tient un discours de réconciliation. Il évite d'entrer dans ces thématiques identitaires. Plus il y a de crispations identitaires, plus la tentation communautaire se renforce. Les gens se définissent en “nous” et “eux”... »

Incarcéré le 6 novembre 2015 pour « association de malfaiteurs en relation avec une entreprise terroriste », Ilyes B., l’ancien recruteur de Daesh, est toujours détenu à la maison d’arrêt de Villepinte. Mohammed Chirani n’a pas oublié ce jeune qu’il croisait souvent, à qui il voulait parler. Pour tenter de le récupérer. « Chaque fois, je lui disais : “Ilyes, il faut qu’on parle, qu’on prenne un café ensemble.” Malheureusement je ne l’ai pas fait. »

19.

L'opportuniste

Cet homme-là a une vision très claire de la politique.

Et de ceux qui la font.

Par exemple de Claude Bartolone, l'ancien patron socialiste du département de la Seine-Saint-Denis, il dit ceci : « Quand Bartolone a gagné, comme tous les politiques, il éteint le téléphone, il ne t'appelle plus et, quand tu l'appelles, il ne répond pas. Tous les politiques sont comme ça. »

Donc, autant s'en passer. Ou les créer de toutes pièces.

Claude Bartolone a disparu de la sphère politique, mais Hassen Farsadou, lui, est encore là.

Le président de l'Espérance musulmane de la jeunesse française (EMJF) fait toujours la loi à Aulnay-sous-Bois. Comme dans tout le 9-3 d'ailleurs, puisqu'il préside aussi l'Union des associations musulmanes (UAM93), aux côtés de son ami M'hammed Henniche. Il peut bien inviter à ses conférences publiques des prédicateurs islamistes, leur laisser le micro, sans que personne s'en émeuve. Dans sa ville, il pense avoir tout compris aux rapports de force, favorables, selon lui, aux musulmans.

Il est le faiseur de maires, l'opportuniste.

On le rencontre au forum annuel des musulmans de France, organisé par l'UAM93 à Montreuil. Accent maghrébin très prononcé, rieur et hâbleur. Auparavant, dans l'espoir de l'interviewer, on s'était rendus au fond de la rue Bailli-de-Suffren, une allée des quartiers nord d'Aulnay-sous-Bois aux trottoirs minuscules et défoncés, où se trouve l'école Bougainville, ancienne école publique désaffectée devenue un établissement confessionnel musulman proposant des cours d'arabe et du soutien scolaire. À l'intérieur de cette structure tenue par l'EMJF, des mamans attendent avec leurs poussettes en bas des escaliers qui conduisent aux salles de classes.

Hassen Farsadou a mis plusieurs années avant de décrocher cette pépite – un total de 1 200 mètres carrés, avec deux étages et cour extérieure, mis à disposition par la mairie à titre gracieux. La récompense de plusieurs années de revendications face à une classe politique opportuniste, qui donne autant qu'elle trahit, parfois jusqu'à se brûler les doigts au jeu du clientélisme communautaire.

Il faut voir l'école Bougainville non pas comme un cadeau électoral mais plutôt comme une façon de se faire pardonner. En 2008, Gérard Ségura, candidat socialiste à la mairie d'Aulnay-sous-Bois et conseiller général de Seine-Saint-Denis depuis dix ans, a su utiliser l'entregent de l'EMJF. Jusqu'à l'excès, peut-être.

Hassen Farsadou cherche à ce moment-là une oreille à laquelle susurrer ses désirs. Il vient de lâcher le candidat de droite, Gérard Gaudron, qui ne faisait pas avancer les choses assez vite à son goût. « J'avais négocié un terrain pour la mosquée avec la droite mais, en 2008, il n'y avait toujours rien de concret », avoue Hassen Farsadou. Fidèle à sa réputation capricieuse, il menace Gaudron : « Donnez-moi un terrain pour construire la mosquée, sinon je pars ! » Son ton comminatoire n'efface pas les réticences de la droite et Hassen Farsadou quitte le navire.

« Oui, je les ai trahis, ça fait partie de la manœuvre politique »

« Ségura m'a donné les clés du paradis ! », jubile Hassen Farsadou, en référence à la promesse d'un terrain pour une mosquée cogérée avec une association concurrente, l'ACMA (Association culturelle des musulmans d'Aulnay-sous-Bois). Alors, à l'EMJF, on s'active pour faire élire l'homme de toutes les promesses. « J'ai mobilisé tous les jeunes, ils ont toqué à toutes les portes, ils ont appelé les gens pour leur dire d'aller voter, j'ai même porté un t-shirt "Votez Ségura" en présence de Ségolène Royal », se vante le président de l'EMJF. Il loue une salle dans les quartiers nord où il rassemble toute la communauté musulmane des environs pour écouter le candidat socialiste. « J'ai fait le maximum ! » s'exclame-t-il, comme surpris par son propre engagement auprès de celui qui le « trahira » quelques semaines après.

Car, une fois la victoire en poche, le nouveau maire retourne sa veste et choisit de mettre le projet dans les mains de l'association qu'il considère comme la plus sérieuse, l'ACMA. « Quand j'ai entendu ça, j'ai trouvé que c'était une trahison, se rappelle Hassen Farsadou. Depuis, je suis très énervé contre lui. »

Gérard Ségura assume, avec une franchise déconcertante : « Oui, je les ai trahis, ça fait partie de la manœuvre politique », nous déclare-t-il. Cette trahison, Gérard Ségura peut même la justifier. D'abord, par ses liens de longue date avec l'ACMA, dont de nombreux membres ont été ses élèves durant ses trente ans de carrière de professeur dans les écoles, collèges et lycées d'Aulnay. « J'ai fait le choix de gens stables et sérieux avec qui j'avais d'autres liens qu'électoraux », explique-t-il.

À côté, l'EMJF lui donne une impression de jeunesse et de désinvolture qui lui déplaît. « Avec l'EMJF, on était vraiment sur un terrain de clientélisme ouvert », justifie-t-il. Dans ses souvenirs, les dirigeants de l'EMJF arrivent la veille des élections de 2008 avec une longue liste de revendications dont la mosquée, mais aussi une école, des postes de directeurs généraux adjoints et de conseillers techniques à la mairie. Très sûrs d'eux, ils vantent leur influence dans les quartiers nord et font comprendre au candidat socialiste que des négociations sont aussi en cours avec son adversaire, le maire sortant de droite Gérard Gaudron.

Agacé, le candidat prend une décision radicale. « Ce soir-là, j'ai décidé de leur mentir et de les rouler dans la farine », explique froidement Gérard Ségura.

Mais le succès du socialiste lors du scrutin de 2008 scandalise le maire sortant Gérard Gaudron, qui décide de contester les élections devant le tribunal administratif. Hassen Farsadou y voit l'occasion de prendre sa revanche. « Quand j'ai compris que Ségura allait donner la mosquée à l'ACMA, je suis reparti avec la droite, raconte-t-il sans gêne. J'avais négocié un terrain pour une mosquée et ils avaient accepté. » Pour assurer sa réélection en cas de municipale partielle, Gérard Ségura doit verrouiller les votes acquis par le soutien de l'EMJF dans les quartiers nord, quelques centaines de voix qui lui ont donné une légère avance sur le maire sortant. « Pour gagner ma confiance et me calmer, Ségura m'a donné l'école, explique Hassen Farsadou. S'il n'y avait pas eu de plainte, je suis sûr que je n'aurais rien eu. »

Gérard Ségura permet à l'EMJF de s'installer d'abord dans la salle Galaxie, d'une surface de 700 mètres carrés, un local municipal proche de la nationale 2. En 2010, il lui accorde un local plus grand pour faire face à ses effectifs en croissance : l'EMJF s'installe dans l'école Bougainville. La convention entre l'association et la municipalité indique que la mise à disposition se fait à titre gracieux. L'EMJF ne paye ni loyer ni charges, en dehors de la facture de téléphone.

Mais l'ambition de l'EMJF n'est pas le seul argument qui a fait hésiter Gérard Ségura ; il aurait aussi douté face à la nature de certaines revendications de l'association des quartiers nord. « Ils étaient certainement plus à cheval [que l'ACMA] sur des revendications extrêmes », se rappelle-t-il. « Mais pas extrémistes, » tient à nuancer l'ancien maire dans la foulée, soucieux de ne pas coller l'étiquette de radicaux aux membres de l'EMJF.

« Ils ont des techniques de pénétration, de manipulation et d'agitation habiles »

En 2011, Gérard Ségura, qui a déjà en tête sa réélection, trois ans plus tard, reçoit une pétition rassemblant

1 500 signatures de parents qui s'inquiètent que leurs enfants « ne mangent pas à la cantine ». L'expéditeur de ce courrier : l'EMJF. « Pas la peine d'être grand clerc pour comprendre la démarche, surtout que je connaissais les oiseaux », soupire Ségura. Le maire socialiste a compris le message, d'une teneur hautement religieuse : l'EMJF souhaite l'instauration d'un menu halal dans les cantines aulnaysiennes. « J'aurais pu dire : "Allez vous faire voir", ce que j'avais envie de faire, mais c'était compliqué : 1 500 personnes, ça veut dire des centaines de familles et une audience possible au-delà », explique franchement Gérard Ségura.

Pendant huit mois, le maire et les services municipaux travaillent avec une quarantaine de parents et de responsables d'associations pour trouver une solution et créer des repas qui conviennent à tous. En 2012, le groupe de travail opte pour des menus de substitution.

Mais, le jour de l'annonce, les masques tombent.

Selon Gérard Ségura, les représentants de l'EMJF « ne pouvaient pas accepter » les menus de substitution et demandent bruyamment l'instauration de menus halal. « À ma grande surprise, la quarantaine de parents qui étaient là leur ont demandé de sortir ! » se rappelle l'ancien maire. « Le fait religieux est un fait social instrumentalisé par des gens qui sont ultra-minoritaires, mais qui ont des techniques de pénétration, de manipulation et d'agitation habiles », analyse-t-il.

« Ce sont des gens qui ont un double discours », renchérit Hervé Suaudeau, modérateur du blog aulnaysien MonAulnay.com. « Leur façade, c'est une association culturelle avec des cours d'arabe, mais, en fait, tous les supports sont religieux, explique le blogueur. Le mot *madrassa* est un peu fort, mais c'est une école religieuse qui ne dit pas son nom. » Hervé Suaudeau, qui stigmatise pourtant les pratiques « clientélistes » de l'ancien maire socialiste, reconnaît que ce dernier n'a pas eu tort de refuser de donner la gestion de la mosquée à l'EMJF. « Gérard Ségura a peut-être eu peur de filer toutes les clés à l'EMJF, il a reculé et il a bien fait », confie-t-il.

Hassen Farsadou se considère comme l'artisan de la victoire de Gérard Ségura en 2008. Les deux cents voix d'écart, goutte d'eau dans un océan d'abstention, seraient le fruit de ses efforts. Rien ne peut le prouver. Mais l'attitude de Gérard Ségura aux élections municipales de 2014 en dit long sur sa volonté de garder l'EMJF dans son giron. Malgré l'épisode de la pétition sur les menus de substitution, le maire socialiste vend un terrain municipal de 3 600 mètres carrés à l'EMJF pour que Hassen Farsadou assouvisse son envie de construire une grande école confessionnelle musulmane à Aulnay. « Gérard Ségura sait que c'est chaud pour lui, il sait que j'ai un poids et qu'il peut perdre à cause de moi, pérore Hassen Farsadou. Quand il m'a proposé un terrain de 3 600 mètres carrés, j'ai oublié tout le passé ! »

Pour quelques semaines seulement. La vente du terrain est actée et signée lorsque Hassen Farsadou dit découvrir que les clauses du contrat ont été modifiées. Selon lui, l'accord de départ imposait à l'EMJF de commencer la construction de l'école avant 2019 ; dans le cas inverse, la mairie reprendrait le terrain. Mais, dans les clauses signées, le délai est beaucoup plus court. « Il a changé les clauses en cachette, tonne Hassen Farsadou. C'est impossible de construire une école en deux ans sur 3 600 mètres carrés avec un coût entre 5 et 8 millions d'euros. Il m'a fait un coup pour reprendre le terrain ! » Le tempérament de feu de Hassen Farsadou le mène à appeler à « voter contre Ségura » lors du deuxième tour des municipales. Dans un communiqué, relayé par l'UAM93, l'EMJF pointe « la condescendance, l'arrogance et le non-respect » de la majorité municipale socialiste à son égard.

C'est Bruno Beschizza, ancien représentant du syndicat policier Alliance et nouvel espoir des quartiers aisés du sud d'Aulnay, qui profitera indirectement de cette consigne de vote. Le discours de l'ancien policier et candidat (UMP, devenu LR) se veut ferme sur le communautarisme et l'islam radical. Bruno Beschizza fait partie d'une nouvelle génération d'hommes politiques qui dit vouloir en finir avec le clientélisme et le laxisme des élus locaux face aux revendications d'une partie de la communauté musulmane des banlieues.

Cela ne le dissuadera pas d'aller faire campagne aux « 3 000 », essayant de convaincre les Aulnaysiens de confession musulmane, majoritaires dans ce quartier sensible, de voter à droite. Au début de l'année 2014, le débat sur le prétendu enseignement de la théorie du genre à l'école est explosif. Bruno Beschizza suit la ligne de son parti et en fait un argument de campagne. Dans un tract publié un mois avant les élections et titré « Protégeons nos enfants ! Non à la théorie du genre dans nos écoles », le candidat de droite à la mairie d'Aulnay souhaite rappeler que « l'école doit d'abord apprendre à nos enfants à bien lire, bien écrire et bien compter et non parler de sexualité à des enfants de 5 ou 6 ans » et s'engage, s'il est élu, à ce que les enfants d'Aulnay « ne soient pas exposés à des livres tels que *Tous à poil* ou *Mehdi met du rouge à lèvres* ».

« Dans la campagne, un élément qui a fait mouche dans la population musulmane, c'est le livre *Mehdi met du rouge à lèvres* », réagit Gérard Ségura. Ce livre, publié en 2006, est à ce moment-là au cœur d'une polémique : des mères d'élèves d'une école de Versailles se sont plaintes que l'ouvrage, qui raconte l'histoire d'un petit garçon qui aime se déguiser en fille, soit lu à leurs enfants. « Bruno Beschizza a fait du porte-à-porte avec le petit bouquin », croit savoir l'ancien maire socialiste.

Jouer avec le conservatisme des quartiers bourgeois et celui d'une partie de la population musulmane des quartiers nord, voilà la stratégie de Bruno Beschizza, selon ses détracteurs. « Il a joué sur la construction de la mosquée dans les quartiers aisés et en même temps, dans les cités, il distribuait *Mehdi met du rouge à lèvres* », dénonce Gérard Ségura.

La mosquée d'Aulnay, avec son minaret de 18 mètres et un dôme en or de 9 mètres de diamètre, est l'une des plus grandes de France. Elle cristallise les peurs de la population bourgeoise de la ville. « En fait, il y a une convergence électorale entre ces populations, sauf qu'elle ne peut pas être dite publiquement, analyse le blogueur Hervé Suaudeau. Ceux qui élisent Bruno Beschizza à Aulnay sont des gens de droite ou d'extrême droite et des gens d'un islam assez radical. »

« Recevoir des prédicateurs qui ont de tels propos, ce n'est pas anodin »

En 2016, deux ans après sa victoire, l'image du nouveau maire de droite pourfendeur de l'islam radical dans les quartiers est brutalement écornée. L'hebdomadaire *Marianne* publie une enquête titrée « À Aulnay-sous-Bois, le nouvel an des salafistes au gymnase municipal » qui révèle la présence de prédicateurs « connus pour leurs positions radicales » lors d'une soirée organisée par l'EMJF dans un local municipal, le soir de la Saint-Sylvestre. Étaient invités : Nader Abou Anas, pour qui une femme ne peut sortir de chez elle sans la permission de son mari ; Éric Younous, qui soutient que l'avortement est un meurtre ; et Mehdi Bouzid, imam d'Aubervilliers et proche de Chérif Kouachi, l'un des auteurs de l'attentat contre *Charlie Hebdo* en janvier 2015.

Depuis cette enquête, Bruno Beschizza ne donne plus d'interview au sujet de ses relations avec la communauté musulmane d'Aulnay. Hassen Farsadou, lui, a son explication. Il croit savoir pourquoi « les gauchistes ont lancé ça contre Bruno » : « Ils avaient la haine contre moi parce que je n'étais plus avec eux, donc ils ont appelé *Marianne* pour lancer ça ! » Celui qu'il appelle désormais son « ami » Bruno aurait simplement renouvelé une autorisation que l'EMJF obtenait tous les ans.

Interrogé sur les invités de l'EMJF lors de la soirée contestée, Hassen Farsadou esquive : « Nader Abou Anas n'est pas un salafiste. Je l'ai invité parce qu'il est le directeur d'une grande école à Bobigny », explique-t-il. Le président de l'EMJF assure également qu'il ne savait pas qui était Mehdi Bouzid, dont il avait simplement apprécié, dit-il, un des prêches à la mosquée d'Aubervilliers et qu'il avait naturellement décidé d'inviter.

Malgré la polémique, Bruno Beschizza n'a pas coupé les liens avec l'EMJF. Au contraire. Il a accepté de négocier un bail pour l'école Bougainville, ce qui permettrait à l'association de déclarer une école primaire confessionnelle auprès du rectorat. « C'est mieux pour eux et pour nous, résume Hassen Farsadou. Nous, on peut déclarer l'école et eux gagnent le loyer et les charges. »

Pour l'instant, à l'école Bougainville, seules quelques classes de maternelle sont ouvertes. « Mais on ne fait que le matin et ce n'est pas tous les jours », indique le président de l'EMJF, qui est aussi directeur de l'école. « Bruno est un ami, ce n'est pas un islamophobe ou un raciste comme disaient les gens », conclut Hassen Farsadou, qui ne tarit pas d'éloges sur le maire d'Aulnay.

Selon un article de *Marianne* publié le 30 août 2018, l'EMJF aurait réussi son pari : lors du conseil municipal du 18 juillet 2018, devant une soixantaine de personnes mobilisées par l'EMJF venues assister à leur victoire ou mettre la pression aux élus, Bruno Beschizza fait voter à sa majorité le passage en location de l'école Bougainville. 900 euros de loyer par mois pour les sept premières années du bail et la possibilité pour l'EMJF de déposer une déclaration d'ouverture d'école privée hors contrat auprès du rectorat de Créteil.

Hassen Farsadou ne sait pas encore s'il soutiendra le maire sortant lors de la prochaine élection municipale, en 2020. « On va faire un bilan du travail avec Bruno, explique-t-il. Si on trouve que ça a été bénéfique, on soutiendra Bruno, sinon on ne le soutiendra pas, c'est normal ! » Aucun doute que désormais il sait.

20.

Le provocateur

Il aimerait tellement qu'on le laisse tranquille avec ça, Jimmy Parat. Qu'on ne le ramène pas une énième fois à cette séance houleuse du conseil d'agglomération d'Est Ensemble (qui réunit neuf communes du 9-3), ce 18 novembre 2014... Ce soir-là, le vote d'un vœu pour la reconstruction de la maternité des Lilas est à l'ordre du jour. Après avoir dénombré les occurrences du mot IVG (interruption volontaire de grossesse) dans le vœu proposé par le groupe écologiste, Jimmy Parat, conseiller municipal (PS) de la ville de Bagnolet, se désolidarise des autres élus et s'oppose à cet « acte barbare » qu'il assimile à un « meurtre »...

Jimmy Parat l'assure aujourd'hui, la religion n'avait rien à voir avec sa sortie au Kärcher sur l'avortement. « À ce moment-là, avec ma femme, on cherchait à avoir un enfant et on n'y arrivait pas. Ce n'était pas du tout politique, c'était vraiment humain », argue-t-il. Une chose est certaine, près de quatre ans plus tard, il regrette toujours amèrement cet épisode qui l'a poussé à démissionner de son poste de vice-président de l'intercommunalité. « Il y a eu un battage médiatique et politique qui s'est fracassé sur moi, explique-t-il. De fil en aiguille, on disait que je battais ma femme et que je voulais mettre en place la charia. » Jimmy Parat a gardé son mandat d'élu municipal, mais a « pris du recul », sur ordre d'un Parti socialiste bien embarrassé qui lui aurait demandé « de faire le mort ». Pour lui, la conclusion est évidente : « Quoi qu'un musulman dise, on le ramène à son "islamité"... »

Avec ses lunettes à fine monture et une barbe de trois jours taillée au millimètre, Jimmy Parat est suspecté d'avoir deux visages. Côté pile, un urbaniste de 35 ans qui porte beau et revendique fièrement sa foi musulmane. Côté face, un politicien friand de tweets parfois nauséabonds.

Le vrai visage de Jimmy Parat, c'est une autre conseillère municipale de Bagnolet, élue sur la même liste que lui en mars 2014, qui pense le connaître : Marie-Laure Brossier, garante autoproclamée d'une République au sein de laquelle ne devrait transparaître selon elle aucun signe d'appartenance religieuse, a fait du combat contre Jimmy Parat une affaire très personnelle. Entre l'implacable dénonciateur d'une société française accusée d'avoir fait de l'islam son bouc émissaire favori et la « laïcarde » obsessionnelle, l'affrontement est violent. Il illustre de manière spectaculaire l'hystérisation du débat sur la laïcité et la place de l'islam dans le 9-3.

Marie-Laure Brossier a encore en tête la réunion houleuse du 18 novembre 2014, ce « premier fait d'armes », comme elle le qualifie. « Les élus ont déboulé dans les bureaux pour que Parat dégage », raconte cette quadragénaire blonde réputée pour sa virulence. Elle prend immédiatement la tête de la fronde contre l'urbaniste dont le comportement « suinte l'entrisme religieux », selon elle.

De mère chrétienne, de père antillais, Jimmy Parat aurait pourtant pu ne jamais croiser la route d'Allah. C'est à travers l'éducation reçue par son père adoptif kabyle que le jeune Jimmy découvre la deuxième religion de France. « C'est bizarre de dire ça, mais j'ai demandé à Dieu de me guider et il m'a guidé vers l'islam », explique-t-il avec un sourire gêné.

A priori, rien ne prédestinait les deux élus à devenir ennemis. Quand le socialiste Tony di Martino gagne l'élection municipale, le 30 mars 2014, Brossier et Parat, qui figuraient sur sa liste, sont élus sous la même étiquette.

Les raisons qui les ont menés là sont toutefois radicalement différentes.

« Il fait partie des plus radicaux dans la sphère propalestinienne »

En 2013, quand les habitants du quartier des Malassis, au nord de la ville, observent le ballet régulier des minibus et des voitures aux abords de la dalle Maurice-Thorez, ils soupçonnent une association musulmane radicale de développer des activités éducatives dans les locaux de l'Association des musulmans de Bagnolet. Lorsque des habitants inquiets frappent à sa porte, Marie-Laure Brossier fait de la fermeture de cette école son cheval de bataille contre le maire communiste de la ville, Marc Everbecq. Avec d'autres membres de l'association Citoyenneté en actes, elle interpelle le ministre de l'Éducation nationale Vincent

Peillon, la garde des Sceaux Christiane Taubira, et même le Premier ministre Manuel Valls. En vain. « On n'a jamais eu de nouvelles. L'Association des musulmans de Bagnolet n'est partie que parce que les citoyens protestaient et que les élections arrivaient », résume-t-elle.

L'école sera fermée par les autorités de la ville juste avant le scrutin de mars 2014. Cette victoire marque le point de départ de la croisade de Marie-Laure Brossier contre la supposée inaction des autorités locales et nationales face à ce qu'elle appelle l'« infiltration » de l'islamisme dans le département. Elle rejoint la liste socialiste de Tony di Martino pour l'élection municipale dans le but de « dégager » l'ancienne équipe qui « pourrissait la ville ». « Parce qu'il y avait l'islamisme mais aussi toutes les dérives qui vont avec : corruption, clientélisme et embauche d'agents qui ne savent rien faire », énumère-t-elle.

De son côté, Jimmy Parat, convaincu par deux amis d'enfance, Merouan et Mohamed Hakem, accepte de rejoindre leur liste Dynamique citoyenne, dont l'objectif principal est également de mettre fin au mandat du maire communiste. Entre les deux tours, les listes socialiste et citoyenne fusionnent, assurant la défaite de l'édile communiste, battu de 378 voix seulement... Et voilà comment Jimmy Parat et Marie-Laure Brossier se retrouvent dans la même majorité, sans même se connaître. Le mariage de raison durera à peine quelques mois. Car, très vite, les sorties publiques de Parat scandalisent Marie-Laure Brossier. Mais aussi d'autres élus, comme Hélène Zanier, ex-conseillère municipale écologiste : « Son engagement est violent, résume-t-elle. Il fait partie des plus radicaux dans la sphère propalestinienne », assure cette femme qui dit connaître Parat depuis l'enfance.

Très actif sur les réseaux sociaux, l'homme y dévoile des convictions parfois troubles, multipliant les messages provocateurs dont certains empruntent au vocabulaire de l'extrême droite la plus radicale. Fin 2014 encore, il poste par exemple ce commentaire sur Facebook à propos du conflit au Proche-Orient : « Tout rentrera dans l'ordre quand ces sauterelles d'Israéliens (*sic*) seront brûlés (*sic*). Et ça arrivera, fait (*sic*) confiance en Dieu l'unique comme les musulmans le font. » La justification de l'intéressé ? Il assure que son compte a été piraté...

Un coup d'œil sur le compte Twitter de Parat suffit à mettre en doute ses protestations d'innocence. Les références à Israël, aux juifs de France, y sont omniprésentes...

« Il a la haine des juifs, pour moi, ça ne fait aucun doute ! », résume crûment Marie-Laure Brossier.

Et quand, au mois de mai 2018, la journaliste Sonia Mabrouk ose écrire dans un tweet que « les musulmans en France sont avant tout des citoyens français qui pensent par eux-mêmes sans être dupes de toute captation, instrumentalisation et manipulation », elle a droit à cette réponse signée Parat : « Certain(e)s collabeur(ette)s ont tellement peur que les musulmans s'organisent que leurs gesticulations pour empêcher tout cela devient de plus en plus ridicule. » Gare en effet à ceux que Parat surnomment les « vendus de la République », les « laïcardo-colonialistes », les soutiens de l'« État meurtrier du nom d'Israël », etc.

Autre exemple symbolique, celui de Georges Ibrahim Abdallah. En décembre 2013, la municipalité décide de faire du terroriste libanais, encore qualifié en 2009 par la cour d'appel de Paris d'« activiste résolu et implacable », un citoyen d'honneur de la ville de Bagnolet. Considéré comme le chef des Fractions armées révolutionnaires libanaises (FARL), un groupuscule marxiste anti-israélien, Abdallah est incarcéré depuis plus de trente ans en France. Il a été condamné à la réclusion à perpétuité en 1987 pour complicité dans l'assassinat de deux diplomates israélien et américain.

Jimmy Parat nous déclare encore aujourd'hui : « Je n'aurais pas forcément fait George Ibrahim Abdallah citoyen d'honneur, mais qu'il le soit ne me choque pas le moins du monde. » Et l'élu de développer son argumentaire ambigu, calqué sur celui des révisionnistes : « Comme on dit, l'Histoire est écrite par les gagnants. Malheureusement, il ne fait pas partie des gagnants, moi je ne fais pas partie du groupe des gagnants, et c'est un prisonnier politique. Ce qu'il a fait a été fait par d'autres révolutionnaires qu'on glorifie, des Jean Moulin, tous les résistants qui ont résisté lors de la Seconde Guerre mondiale, différentes guerres, ont été glorifiés pour ça. »

La décision de l'ancien maire de Bagnolet a finalement été annulée par le tribunal administratif de Montreuil, en juillet 2014. Il avait été saisi par le préfet de Seine-Saint-Denis, Philippe Galli, et le Bureau national de vigilance contre l'antisémitisme.

Bête noire de Marie-Laure Brossier, Jimmy Parat, à qui elle dit rêver de « casser les genoux », n'est pas le seul à subir les foudres de cette pasionaria de la laïcité. Dans le collimateur de l'élue figure aussi le 10e adjoint au maire en charge de la vie associative de Bagnolet, Merouan Hakem, l'homme qui avait convaincu Jimmy Parat de rejoindre la liste citoyenne de son frère Mohamed. Marie-Laure Brossier raconte avoir été alertée par l'une de ses amies, Agniezska Pado, une professeure de sport qui cherchait à ouvrir une salle de fitness. Selon Agniezska Pado, Merouan Hakem lui aurait alors soumis l'idée d'ouvrir des cours uniquement pour femmes voilées. Pado voit rouge et refuse instantanément. Cette immigrée polonaise, qui a quitté son pays pour se soustraire au poids de la religion catholique, n'entend pas se soumettre à nouveau à la loi de Dieu. Le projet de salle de fitness est abandonné.

« Certains opposants se servent de la laïcité pour mettre en avant leur haine »

« Tout ça, ce sont des ballons d'essai », affirme Marie-Laure Brossier, qui s'était empressée de faire remonter l'incident au maire de Bagnolet. Merouan Hakem a d'abord fait croire à une blague, puis à un mensonge d'Agniezska Pado, avant d'être réprimandé par le maire…

Le même Merouan Hakem ferait également partie d'un groupe d'élus ayant signifié auprès du secrétariat des élus de la ville leur refus de célébrer des mariages de personnes de même sexe. « C'est totalement illégal ! Vous êtes élu de la République, vous appliquez la loi », s'exclame Marie-Laure Brossier.

Le foulard islamique s'attire également les foudres voire les obsessions de l'élue bagnoletaise. « Elle s'est attaquée à ma femme en lui reprochant de porter le voile », assure Jimmy Parat. Il rapporte également que la conseillère municipale s'en serait prise à deux agentes voilées de la mairie de Bagnolet.

Pour Jimmy Parat, une conclusion s'impose : Marie-Laure Brossier est non seulement une « laïcarde », mais aussi une « islamophobe ». « Certains opposants se servent de la laïcité pour mettre en avant leur haine, soutient-il. Elle a une vision très binaire, c'est soit blanc, soit noir. Pour elle, je suis noir et elle est blanche. »

Après le calamiteux épisode d'Est Ensemble, Jimmy Parat va concentrer ses efforts sur la campagne des élections régionales, fin 2015, avec d'autres élus municipaux musulmans d'Île-de-France réunis sous l'étiquette Union des démocrates musulmans français (UDMF) – qui deviendra un an plus tard le parti Français et musulmans. « Quelle est la meilleure façon pour nous de nous intégrer ? C'est de nous intégrer politiquement », se justifie l'élu bagnoletais. La colonne vertébrale de Français et musulmans s'est construite sur l'idée que les personnes de confession musulmane ne devraient pas avoir à choisir entre leur religion et leur nationalité.

« Le mot le plus important dans le nom du parti, c'est le mot "et" », plaide Nizarr Bourchada, tête de liste de l'ex-UDMF en Île-de-France lors des régionales de 2015.

Plusieurs propositions du petit parti ont suscité la polémique, notamment celle visant à réserver des wagons aux femmes dans les transports en commun. « Alors évidemment, s'exaspère le plus sérieusement du monde Nizarr Bourchada, dans ma bouche, avec mon étiquette musulmane, on m'a tout de suite reproché de vouloir séparer les hommes et les femmes. »

Bourchada plaide en tout cas le malentendu : selon lui, cette idée prend tout son sens dans un contexte marqué par la lutte contre le harcèlement sexuel dont sont victimes les femmes un peu partout dans le monde. « Faisons comme en Allemagne », prône-t-il en faisant référence à une ligne de trains de l'est de l'Allemagne qui a ouvert des wagons réservés aux femmes fin 2016.

Totalement marginal, l'UDMF a rassemblé seulement 0,4 % des voix au premier tour (11e place sur 13 partis en lice) des régionales, en décembre 2015.

Moins de deux ans plus tard, lors des législatives de juin 2017, Français et musulmans présentait dans l'Hexagone six candidats, dont Jimmy Parat, à Bagnolet. Ce dernier dit partager les idées des militants du Parti des indigènes de la République (PIR) comme Youcef Brakni, militant antiraciste. Selon le PIR, qui a pour adversaire le « pouvoir blanc », la laïcité a été dévoyée par les élus de la République pour devenir une arme contre les musulmans français, déjà écrasés par des discriminations institutionnalisées. Ce qu'ils appellent le « racisme d'État » serait subi par les membres de la communauté musulmane française dès leur entrée à l'école.

En compagnie de Brakni et du prédicateur musulman Nourredine Aoussat, Jimmy Parat a notamment organisé un meeting dans une mosquée de Montreuil pendant la campagne pour les législatives de 2017. Un rassemblement qui a scandalisé sa meilleure ennemie, Marie-Laure Brossier, qui dénonce une volonté de « séparer les Français de confession musulmane du reste de la population en leur servant un discours victimaire ». Et de rappeler que l'article 26 de la loi du 9 décembre 1905 sur la séparation des Églises et de l'État interdit « de tenir des réunions politiques dans des locaux servant habituellement à l'exercice d'un culte ».

Marie-Laure Brossier peut au moins se rassurer sur un point : les thèses de Jimmy Parat ont jusqu'ici trouvé un très faible écho parmi la population. Il a rassemblé moins de 1 % des voix au premier tour sur la circonscription Montreuil-Bagnolet, en juin 2017, lui qui considérait les législatives comme un test pour son parti.

Fin 2017, il a tenté de créer un groupe Génération.s au sein du conseil municipal, mais les instances dirigeantes du mouvement fondé par l'ancien socialiste Benoît Hamon ont refusé sa candidature, en raison de ses violents propos contre l'avortement. Son infatigable adversaire, Marie-Laure Brossier, en porte-à-faux avec sa majorité dès le début de son mandat municipal, s'en est fait évincer au début de l'année 2018. Elle a rejoint le groupe formé par deux élus La République En Marche qui lui « avaient témoigné leur soutien ». Elle continue à prendre la parole dès qu'elle le peut en conseil municipal, pour dénoncer ce qu'elle considère être une démission des autorités publiques face à « l'islam politique » dans le 9-3.

« Le terme "islam politique", conclut Jimmy Parat, c'est devenu un terme négatif. Mais je ne vois pas en quoi c'est négatif… »

21.

Le doyen

Comme un symbole.

Au départ, ce chapitre devait décrire l'expansion d'une université islamique, l'IESH, révéler ses rêves de grandeur, à Saint-Denis. Ses zones d'ombre, aussi. Et puis…

En juillet 2018, au moment de mettre un point final à cette enquête, nous avons visionné un reportage « Les soldats d'Allah », diffusé deux ans plus tôt dans l'émission *Spécial Investigation*, sur Canal Plus. Cette histoire saisissante de l'infiltration d'une cellule djihadiste par un journaliste, Saïd Ramzy, qui dit travailler sous ce nom d'emprunt par mesure de sécurité, a mené à son démantèlement par la DGSI en 2016 et à l'incarcération de ses membres. À la fin du documentaire, un doute nous assaille. Cette plaque, là, sur un mur extérieur, ces locaux, cet escalier métallique, ne seraient-ce pas ceux de l'IESH ? Et cette salle de cours, où une « sœur » voilée de la tête aux pieds donne des consignes écrites au journaliste pour commettre un attentat, ne serait-ce pas celle que nous avions visitée, quelques semaines plus tôt ?

On est retournés sur place, évidemment. Pour vérifier. On a interrogé tous les témoins possibles, comparé, scruté.

Et le doute n'était plus permis.

Oui, l'IESH a bien servi de boîte à lettres à une cellule djihadiste. En 2016. Cela ne signifie pas, pour autant, que cette université privée soit un repaire de djihadistes. Mais cette découverte, tardive, illustre si bien le propre d'une enquête. Soulever chaque pierre, percer chaque mur, pour, parfois, découvrir une autre réalité. Interrogé sur le fameux reportage, dans son bureau aux allures de salon marocain, Ahmed Jaballah ne montre aucune surprise. Il n'accorde « aucun crédit », affirme-t-il, à la scène filmée dans ses locaux et soutient que la séquence a été « montée » de toutes pièces. Le ton est calme, mais ses mains trahissent sa nervosité. « C'est quoi, la responsabilité de l'IESH ? interroge Jaballah. On n'est pas responsable des gens et de leur histoire, de ce qu'ils font… Ici ce n'est pas une caserne, c'est ouvert. »

Depuis la diffusion du documentaire, le 2 mai 2016, il assure n'avoir jamais reçu de visite de la police. Selon lui, si des enquêteurs avaient souhaité en savoir plus, ils auraient pu compter sur les enregistrements des caméras de surveillance installées dans tout le bâtiment. « S'il y avait un problème, on ne serait pas là », conclut-il. Le journaliste infiltré, Saïd Ramzy, nie quant à lui toute manipulation des images. Il va jusqu'à nous révéler que la mystérieuse femme voilée qui lui remet les lettres macabres n'est autre qu'Ines Madani, principale suspecte dans l'attentat raté des bonbonnes de gaz près de Notre-Dame-de-Paris, en septembre 2016. Aujourd'hui, la jeune femme âgée de 20 ans est incarcérée et renvoyée aux assises. « Elle connaissait l'IESH car elle y a pris des cours d'arabe pendant une très courte période, en 2013 ou 2014 », précise le journaliste, sans que l'on puisse vérifier ses dires.

Au départ de notre investigation, nous voulions juste comprendre. Et décrypter les vraies visées de l'Institut européen des sciences humaines. À sa tête, Ahmed Jaballah, qui arbore un CV en béton armé. Et déroule un discours cohérent, teinté d'humanisme, d'un ton posé, rassurant. À 62 ans, visage rond et barbe taillée, l'ex-président de l'Union des organisations islamiques de France (UOIF) – devenue Musulmans de France, émanation des Frères musulmans –, est imam, théologien, professeur de sciences islamiques, doctorant à la Sorbonne.

Il est surtout la pierre angulaire d'un réseau destiné à structurer l'enseignement supérieur islamique en Seine-Saint-Denis. Selon des principes religieux et politiques étroitement mêlés, bien qu'il s'en défende. Car son parcours personnel atteste cette double appartenance. Il lui est ainsi prêté cette prédiction : « L'UOIF est une fusée à deux étages. Le premier étage est démocratique, le second mettra en orbite une société islamique. »

Il a depuis démenti avec force avoir tenu ces propos.

Mais le 15 janvier 2015, juste après les attentats contre *Charlie Hebdo*, il publiait également une tribune remarquée dans *Le Monde* : « Respecter la loi sans rien céder de sa liberté, c'est ce droit que revendique *Charlie Hebdo*. Animé par cette double exigence démocratique, j'affirme : "Je ne suis pas Charlie", car je désapprouve la ligne éditoriale de *Charlie Hebdo*, mais

"Je suis Charlie", car je refuse qu'on tue sa liberté d'expression ou la mienne. »

C'est cet homme d'origine tunisienne, au discours parfois ambigu, « Charlie » et « pas Charlie » à la fois, qui rêve désormais de créer à Saint-Denis la première université musulmane privée de France. Il a déjà son institut mais il veut sa faculté et il l'aura. Il sait la patience et l'entregent qu'il faut développer, quitte à vanter une « reconnaissance » de la qualité de son enseignement par le rectorat.

Une « reconnaissance » parfaitement virtuelle, on y reviendra…

Le projet d'université est estimé à 15 millions d'euros, pour construire deux grands bâtiments ouverts sur la ville, ornés d'un mur végétal massif et d'une façade blanche avec des balcons en bois. Et accueillir 1 500 étudiants au bas mot, à Saint-Denis, pour étudier l'arabe, le Coran, la théologie. Les plans sont prêts, étalés devant nous. Il manque juste les fonds pour lancer la construction.

Et les autorisations.

Côté municipalité, il ne devrait pas y avoir de difficultés. On ne se fâche pas avec un électorat musulman potentiel, quasi majoritaire dans le département. « On a un accord de principe avec la mairie de Saint-Denis », confirme le doyen, même si l'on tarde à lui délivrer toutes les autorisations. Se situant dans une zone d'activité commerciale en pleine réhabilitation, l'IESH doit également recevoir l'accord de la communauté d'agglomération Plaine Commune. Ce qu'Ahmed Jaballah ne doute pas d'obtenir à un moment ou à un autre, même si « ça prend du temps ».

Pour avoir l'accord de la ville, le doyen de l'IESH a su s'entourer des bonnes personnes et notamment d'un certain Hakim Rebiha, conseiller municipal musulman, déjà médiateur entre la mairie communiste et l'association en charge de la construction de la grande mosquée de Saint-Denis. Les négociations n'ont pas été très rudes. « Ils ont un projet de construction d'un nouvel institut digne de ce nom et il n'y a pas eu de problème puisque c'est un plus pour la ville », justifie Hakim Rebiha. Cependant, Ahmed Jaballah préfère rester discret sur le contenu des échanges avec la municipalité. « Nos relations avec la mairie sont connues, certains écrivent des choses sur Internet disant que la mairie a des relations privilégiées avec les musulmans et ça perturbe un peu notre image », raconte-t-il vaguement.

De fait, sur Internet, certains blogueurs comme les contributeurs de Saint-Denis Ma Ville pointent du doigt cette relation entre le conseiller municipal Hakim Rebiha, qui dit même avoir fait partie du conseil d'administration de l'IESH, et l'institut d'études islamiques. Grâce à lui, certains élus de la ville ont honoré des invitations de l'IESH à venir assister à des cérémonies de remise de diplômes par exemple. « Nous avons des relations normales avec le maire et ses adjoints, nous avons reçu deux adjoints au maire et nous avons rencontré monsieur Paillard [ancien maire communiste de Saint-Denis] et son successeur, monsieur Russier », rétorque calmement Ahmed Jaballah.

Difficile de trouver une voix officielle dissonante. Tant à la préfecture qu'au conseil départemental. Sollicités, les services de renseignement, eux, font profil bas, en espérant surtout recruter des sources intéressantes sur le futur campus.

« Ils ne délivrent aucun diplôme reconnu par l'État »

Reste le sujet épineux du statut de cette future faculté. Car l'IESH assure, sur son site Internet, bénéficier « d'une reconnaissance académique délivrée par le rectorat de Créteil [...] pour ses formations initiales en Langue, Littérature et civilisation arabes et en Théologie musulmane ».

Une « reconnaissance », terme générique qui n'a aucune signification administrative, sauf sur le plan du marketing. Il est également précisé qu'un « conseil scientifique composé d'éminents professeurs et chercheurs issus des universités les plus réputées » a élaboré les programmes proposés. L'institut, qui dispose certes du statut d'établissement d'enseignement supérieur privé auprès de l'académie de Créteil, propose une certification de niveau bac +3 pour son cursus en Langue, Littérature et civilisation arabes et de niveau bac +3 jusqu'à bac +8 pour le cursus en Théologie musulmane. « Nous avons des noms de certification qui nous sont propres, car la loi exige de ne pas reprendre les dénominations licence, master et doctorat », précise Ahmed Jaballah. Mais ses explications sur la reconnaissance académique de ces diplômes restent assez floues.

Contacté, le rectorat de l'académie de Créteil confirme que le terme de « reconnaissance académique » utilisé par l'institut relève plus de l'argument de communication que d'une réalité.

En effet, pour obtenir le statut d'établissement d'enseignement supérieur privé, il suffit de se déclarer auprès du rectorat, de prouver qu'on dispose d'un casier judiciaire vierge, et l'autorité compétente délivre *illico* une autorisation. Sans aucune vérification de la qualité ou du contenu des enseignements. Cette simple déclaration de principe permet à l'IESH d'apparaître sur les choix d'orientation à la sortie du lycée.

Pourtant, l'IESH, sur son site et en la personne de son doyen, insiste beaucoup sur cette notion de reconnaissance. Pour le rectorat, cette revendication provient d'une autre autorisation qui lui a été délivrée pour son cursus de langue et civilisation arabes, celle de pouvoir accueillir des étudiants boursiers. « Des inspecteurs ont reconnu que le niveau d'enseignement était conforme et qu'ils pouvaient recevoir des étudiants boursiers », explique le service de communication du rectorat. Mais seulement sur ce cursus, ceux de théologie et de lecture de Coran étant hors de la compétence du rectorat.

« Il faut comprendre qu'ils ne délivrent aucun diplôme reconnu par l'État », conclut le service communication.

Ce qui n'empêche pas d'autres universités privées de lancer des partenariats avec l'IESH. C'est le cas notamment de l'Institut catholique de Paris avec qui l'IESH a organisé une semaine annuelle de rencontres islamo-chrétiennes. Pour Ahmed Jaballah, convaincre les universités françaises du sérieux de l'IESH est une porte d'entrée privilégiée pour atteindre un autre niveau de reconnaissance académique auprès de ses pairs. « On essaye de développer des relations avec les universités, de créer des passerelles, d'obtenir des équivalences qui permettent à nos étudiants de continuer leurs études dans ces établissements », explique le doyen.

Le cœur de l'enseignement délivré à l'institut reste encore profondément lié à la religion même si le cursus de langue et civilisation arabes attire toujours plus et donne une image un peu plus laïque de l'ensemble. Mais de nombreux étudiants choisissent l'IESH pour bénéficier d'un enseignement religieux d'un sérieux que n'ont pas d'autres établissements de bric et de broc que l'on trouve souvent en Seine-Saint-Denis. On y vient pour lire et comprendre le Coran, puis prêcher l'islam ou l'enseigner. Les femmes seraient même plus nombreuses que les hommes dans les salles de classe. Ici, on forme de futurs imams, mais aussi les enseignantes qui éduqueront les enfants des écoles coraniques à la langue arabe et aux principes du Coran, ou encore de simples citoyens qui veulent se rapprocher de la religion.

Les tarifs sont variables : 1 406 euros par an pour une formation initiale au département de langue, littérature et civilisation arabes ; ou 524 euros pour une formation de fin de semaine.

« Certains jeunes venaient chercher la confirmation de leur radicalité »

L'IESH va même plus loin, en formant les imams de demain. Il a lancé en son sein l'Institut français de l'imamat et de l'aumônerie, qui propose une formation d'un an aux étudiants déjà titulaires d'une certification bac +3 en théologie musulmane pour devenir imam. On y étudie les questions de *fatawa* (questions de droit islamique), les relations avec les fidèles, comment remplir son rôle de prédicateur, etc. On retrouve là les enseignements historiques de l'IESH de Château-Chinon, père de l'IESH de Paris, fondé en 1992 dans la Nièvre. À cette époque, Ahmed Jaballah et d'autres intellectuels musulmans décidaient de lancer plusieurs instituts de formation des cadres religieux (imams et enseignants) en Europe pour répondre à la sédentarisation de la population musulmane sur le continent. L'objectif était de délivrer « à la fois une compétence dans les sciences religieuses et une bonne connaissance du contexte culturel », explique Ahmed Jaballah.

Aujourd'hui encore, les instituts comme l'IESH sont pour beaucoup la seule alternative pour combler le manque de formation des cadres religieux musulmans. « On n'a pas le choix », explique Mohammed Chirani, ancien délégué au préfet pour les quartiers sensibles de la Seine-Saint-Denis, qui a fréquenté l'établissement. Il pointe cependant les critiques sur l'obédience des dirigeants et des enseignants de l'IESH. « Il y a deux types de professeurs, explique-t-il. Ceux qui sont liés aux Frères musulmans, qui ont un discours traditionaliste, et ceux qui sont indépendants et qui ont plus de recul. »

Le fantôme de l'UOIF est en effet bien présent dans les couloirs de l'IESH : Ahmed Jaballah a incarné longtemps l'organe français de cette mouvance égyptienne de l'islam politique. Mais il balaye la réflexion. « Ce n'est pas parce qu'on est directeur d'établissement qu'il faut s'interdire d'avoir des activités associatives », rétorque-t-il en insistant sur le fait que l'adhésion à l'UOIF n'est pas un critère de recrutement, ni chez les enseignants ni chez les étudiants. Des étudiants qui sont parfois même plus royalistes que le roi. « Certains jeunes venaient chercher la confirmation de leur radicalité, se souvient Mohammed Chirani. Il y a des salafistes qui viennent et qui sont déçus, car ce n'est pas assez rigoriste. Mais entre leur enseignement et celui des salafistes, je préfère largement ce qu'ils enseignent ! » conclut-il.

Malgré les critiques, le doyen continue donc de consolider son projet d'université musulmane et de chercher les 15 millions d'euros nécessaires à son aboutissement. Les frais de scolarité des étudiants permettent à peine de couvrir les frais de fonctionnement quotidien (salaires des professeurs, charges, matériel, etc.) et doivent déjà être complétés par des dons de personnes privées : surtout des « étudiants en cours du soir qui ont une activité professionnelle à côté et qui peuvent faire des dons », selon Ahmed Jaballah. Ce dernier assure qu'il ne reçoit aucune aide de pays étrangers pour faire tourner sa boutique.

Mais pour le projet, les conditions sont moins fermes. « On est ouvert à toute subvention, à toute aide, explique-t-il. Mais personne ne peut poser ses conditions sur l'enseignement proposé, on est une institution indépendante, on ne fait pas de politique. »

Il l'expose fièrement, son projet. Il y aura un immeuble pour le côté académique : amphithéâtre, salles de cours, grande bibliothèque et les bureaux de l'administration. Et en face une fondation, un *waqf* en arabe, pour ouvrir un gymnase, des locaux pour des entreprises ou des activités culturelles dont les revenus soutiendront l'activité académique.

C'est que, depuis 2001, l'IESH est victime de son succès ; le nombre d'étudiants a été multiplié par dix. On commence vraiment à se sentir à l'étroit dans ce bâtiment marqué par les années, situé à quelques minutes de marche du métro Saint-Denis-Porte de Paris sur la ligne 13. Les amphithéâtres sont devenus trop exigus, la bibliothèque est si étroite qu'il faut s'y déplacer avec précaution, en enjambant les cartons d'ouvrages qui traînent sur le sol.

Plusieurs fois par jour, l'appel à la prière résonne dans les couloirs vétustes ; les silhouettes des étudiantes en hijabs de couleur ou jilbabs sombres en croisent alors d'autres, en kamis ou en jeans, sacs d'ordinateur portés en bandoulière, en chemin vers la salle de prière du rez-de-chaussée.

« Les locaux d'aujourd'hui ne sont pas vraiment confortables ni modernes », explique Ahmed Jaballah, rappelant le développement des activités de l'IESH depuis dix-sept ans. D'abord 160 étudiants avec une filière classique de théologie musulmane ; aujourd'hui, 1 500 étudiants, trois filières différentes et autant de façons de suivre les enseignements. L'IESH propose toujours un cursus en théologie musulmane auquel s'ajoutent un parcours en langue arabe et un autre en lecture du Coran. Les cours peuvent être suivis de façon intensive avec 20 heures d'enseignement par semaine, en cours du soir ou à distance grâce à une plateforme de e-learning.

Pierre après pierre, Jaballah poursuit son grand œuvre. Il misait ainsi sur l'ouverture à la rentrée 2018 d'une résidence étudiante. Vingt-six studios dans un bâtiment moderne à La Courneuve, très loin de l'immensité de certaines résidences universitaires publiques en France. Il dispose pour cela d'une manne de 1,2 million d'euros. Une coquette somme provenant, jure-t-il, de dons. Pour l'université, il table sur l'horizon 2021-2022. L'imam Jaballah n'est pas pressé.

Le temps joue pour lui.

Remerciements

Merci à Gérard et Fabrice d'avoir vécu ce projet inédit avec nous et de nous avoir donné la chance d'écrire notre premier livre.

Merci à Sophie de Closets, pour son inestimable confiance dans cette périlleuse aventure éditoriale.

Merci à Julie Joly et à Cédric Rouquette d'avoir permis à des élèves du CFJ de faire leurs armes sur une enquête exaltante.

Table des matières

Cet ouvrage a été imprimé en France par
CPI
pour le compte des Éditions Fayard
en octobre 2018

Photocomposition Nord Compo à Villeneuve-d'Ascq

PAPIER À BASE DE
FIBRES CERTIFIÉES

Fayard s'engage pour
l'environnement en réduisant
l'empreinte carbone de ses livres.
Celle de cet exemplaire est de :
0,400 kg éq. CO_2
Rendez-vous sur
www.fayard-durable.fr

Dépôt légal : octobre 2018
N° d'édition : 36-0713-3/6 - N° d'impression : 150079